ŒUVRES COMPLÈTES

DE

FRANÇOIS VILLON

ŒUVRES COMPLÈTES

DE

FRANÇOIS VILLON

SUIVIES D'UN CHOIX DES POÉSIES DE SES DISCIPLES

ÉDITION PRÉPARÉE PAR LA MONNOYE (Bernard de)

MISE AU JOUR, AVEC NOTES ET GLOSSAIRE

PAR

M. PIERRE JANNET

Troisième édition

PARIS

Chez Alphonse LEMERRE, libraire

27-29, passage Choiseul

—

M DCCC LXXIII

Tous droits réservés.

E. Picard.

PRÉFACE.

On ne sait guère de la vie de François Villon que ce qu'il en dit lui-même, et l'on en sait trop. J'aurais voulu me dispenser de décrire, après tant d'autres (1), cette existence peu édifiante, mais je n'ai pas cru pouvoir le faire. Le sujet des poésies de Villon, c'est Villon lui-même, et sa biographie est la clef de ses œuvres.

François Villon naquit à Paris en 1431. Sur la foi d'une pièce que Fauchet, dans son traité *de l'Origine des chevaliers*, imprimé en 1599, dit avoir

(1) Voir notamment la *Vie de François Villon*, par Guillaume Colletet, en tête des œuvres de Villon, édition de M. P. L. Jacob, bibliophile (M. Paul Lacroix), *Paris*, 1854, in-16; — le *Mémoire* de M. Prompsault, en tête de son édition de Villon, *Paris*, 1832, in-8; — *François Villon, Versuch einer kritischen Darstellung seines Lebens nach seinen Gedichten*, von D^r. S. Nagel. *Mulheim an der Ruhr*, 1856, in-4, le travail le plus complet et le plus judicieux qu'on eût fait jusqu'alors sur ce sujet, et la base de ceux qu'on a faits depuis; — *François Villon, sa vie et ses œuvres*, par Antoine Campeaux, *Paris, Durand*, 1859, in-8, et la notice de M. Anatole de Montaiglon, excellente pour le fond comme pour la forme, dans *les Poëtes Français*, recueil publié sous la direction de M. Eugène Crépet, *Paris*, 1861-62, 4 vol. gr. in-8, t. I, p. 447-455.

trouvée dans un manuscrit de sa bibliothèque (1), on a mis en doute le lieu de la naissance et jusqu'au nom du poëte. On s'est livré à des conjectures ingénieuses pour concilier les renseignements fournis par lui-même avec les indications de Fauchet, pour expliquer comment il pouvait s'appeler à la fois Corbueil et Villon, être à la fois natif d'Auvers et de Paris. Pour moi, je crois, avec le P. Du Cerceau, Daunou et beaucoup d'autres, qu'on ne doit tenir aucun compte de ce huitain, amplification maladroite de l'épitaphe en quatre vers (2). Ce n'est pas sur une pareille autorité qu'on peut substituer le nom de *Corbueil* à celui de *Villon*, que notre poëte se donne lui-même en vingt endroits de ses œuvres (3).

(1) Voici cette pièce, que j'ai cru devoir rejeter des œuvres de Villon :

Je suis Françoys, dont ce me poise,
Nommé Corbueil en mon surnom,
Natif d'Auvers emprès Pontoise,
Et du commun nommé Villon.
Or, d'une corde d'une toise
Sauroit mon col que mon cul poise,
Se ne fut un joli appel.
Le jeu ne me sembloit point bel.

L'auteur de ce huitain n'a pas compris l'intention comique de ce vers de Villon :

Né de Paris emprès Pontoise;

C'est pourquoi il le fait gravement naître à Auvers, qui est en effet près de Pontoise. Mais une preuve certaine de la composition tardive de cette pièce, c'est qu'on ne trouverait probablement pas dans la seconde moitié du XVe siècle, et certainement pas dans les œuvres de Villon, un huitain dont les rimes soient distribuées comme dans celui-là. Dans tous les huitains de Villon, sans exception, le premier vers rime avec le troisième, le second avec le quatrième, le cinquième et le septième, et le sixième avec le huitième. Les faussaires ne pensent jamais à tout.

(2) Voy. p. 101.
(3) Voy. le *Glossaire-Index*, au mot VILLON.

Les parents de Villon étaient pauvres (1). Sa mère était illettrée (2); son père était vraisemblablement un homme de métier, et peut-être, ainsi que l'a conjecturé M. Campeaux, un ouvrier en cuir, un *cordouennier* (3).

Poussé par le désir de s'élever au-dessus de la triste condition de ses parents, ou plutôt par ce besoin de savoir qui tourmente les natures comme la sienne, Villon étudia. Il connut les misères de l'état d'écolier pauvre. On n'a pas de renseignements certains sur le genre d'études auquel il se livra ni sur les progrès qu'il y fit. M. Nagel suppose qu'il obtint le grade de maître ès arts, et se fonde surtout sur le legs qu'il fait plus tard, de sa « nomination qu'il a de l'Université » (p. 15). Mais ce legs pourrait bien n'être qu'une plaisanterie, comme tant d'autres. Ce qu'il y a de certain, c'est qu'il n'obtint pas le grade de maître en théologie, but suprême des études du temps (4).

En ce temps-là, comme plus tard, les étudiants étaient exposés à bien des tentations. Villon n'y sut pas résister. En contact avec des jeunes gens sans préjugés d'aucune sorte et dépourvus d'argent comme lui, il adopta leurs mœurs et façons de vivre. Bientôt il devint leur chef et leur providence (5). Les *Repues franches*, singulier monument élevé à sa gloire par quelqu'un de ses disciples, nous font connaître par quelles combinaisons ingénieuses lui et ses compagnons se procuraient les moyens de mener joyeuse vie. Leurs fripon-

(1) V. p. 31, huitain xxxv.
(2) « Oncques lettre ne leuz. » P. 55, v. 22.
(3) Voyez *Notes*, p. 224.
(4) Voy. *Grand Testament*, huitains xxxvii (p. 32) et lxii (p. 52.)

(5) *C'estoit la mère nourricière*
De ceux qui n'avoient point d'argent;
A tromper devant et derrière
Estoit un homme diligent. (P. 196.)

neries étaient tout à fait dans les mœurs du temps, et ne dépassaient sans doute pas les proportions de ce qu'on serait volontiers tenté d'appeler *des bons tours;* mais ils étaient sur une pente glissante, et la justice n'entendait pas raillerie.

Rien ne prouve cependant que Villon ait eu maille à partir avec elle à cause de ses entreprises sur le bien d'autrui. On a parlé de ses deux procès : il en eut au moins trois, bien constatés par ses œuvres, et le premier, qu'on n'avait pas fait ressortir jusqu'à présent, est le seul dont le sujet soit indiqué d'une manière certaine. C'est la suite d'une affaire d'amour.

Avant de tomber dans ces relations honteuses avec des femmes perdues dont la *Ballade de la Grosse Margot* (1) nous donne l'ignoble tableau, Villon fut amoureux. Il connut l'amour vrai, l'amour naïf et timide (2). Quel fut l'objet de cette passion, c'est ce qu'il n'est pas facile de dire. Il l'appelle de divers noms, Denise, Roze, Katherine de Vauzelles. Que ce fût une femme de mœurs faciles, une gentille bourgeoise ou une noble damoiselle, il paraît certain que c'était une coquette. Elle l'écouta d'abord, l'encouragea (3) et finit par le rebuter. Il s'en plaignit sans doute à ses compagnons, que les femmes qu'ils fréquentaient n'avaient pas habitués à de pareilles rigueurs, et qui se moquèrent de lui (4). Villon s'emporta contre

---

(1) Page 83.

(2) Le doux souvenir de cette passion se montre en maints endroits des œuvres de Villon, mêlé à ses regrets et aux reproches qu'il adresse à sa maîtresse avide et cruelle. Voy. les huitains III, IV, V et X du *Petit Testament*, LV à LIX du *Grand Testament*, la ballade de la page 57, le rondeau p. 59, etc.

(3) *Quoy que je luy voulsisse dire,*
Elle estoit preste d'escouter, etc. (P. 47.)

(4) ..... *qui partout m'appelle*
L'amant remys et renié. (P. 48.)

sa belle, lui fit des avanies, lui dit des injures, composa peut-être contre elle quelque ballade piquante, quelque rondeau bien méchant. Or, bien que religieux au fond, il frondait volontiers les choses sacrées (1). La belle dame se plaignit; la juridiction ecclésiastique s'en mêla (2), et Villon fut bel et bien condamné au fouet (3).

C'est à la suite de cette sentence que Villon, décidé à quitter Paris, composa les *Lays* ou legs auxquels on a donné depuis le titre de *Petit Testament*.

Dans le huitain VI, page 9, il annonce qu'il s'en va à Angers. Il est probable qu'il ne fit pas ce voyage. Ses habitudes, ses relations, sa misère, le retinrent à Paris ou aux environs. C'était en 1456. Flétri par le châtiment qu'il avait subi, aigri par l'infortune, il ne connut plus de bornes. L'année qui suivit sa condamnation fut assurément l'époque la plus honteuse de sa vie. En 1457, il était dans les prisons du Châtelet, et le Parlement, après lui avoir fait appliquer la question de l'eau (4), le condamnait à mort. On ignore le motif de cette condamnation; on a supposé qu'il s'agissait d'un crime commis à Rueil par lui et plusieurs de ses compagnons, dont quelques-uns furent pendus (5). Cette supposition paraît

---

(1) Voir notamment les huitains CVI à CX du *Grand Testament*.

(2) *Quant chicanner me feit Denise,*
  Disant que je l'avoye mauldite. P. 69.

(3) La sentence fut exécutée. La *Double ballade* de la page 45 ne laisse aucun doute à cet égard :
  J'en fus batu, comme à ru telles,
  Tout nud..... (P. 46, v. 24-25.)

(4) C'est ce qu'indiquent clairement ces deux vers de la page 104 :
  On ne m'eust, parmi ce drapel,
  Faict boyre à celle escorcherie.

(5) Voy. la *Belle leçon aux enfans perduz*, p. 86, et le *Jargon*, p. 125.

fondée. Quant au crime commis, il n'était peut-être pas d'une extrême gravité. Les lois étaient sévères, et les compagnons de Villon devaient avoir, comme lui, des antécédents fâcheux.

Quoi qu'il en soit, Villon ne partagea pas leur sort. Il est vrai qu'il ne négligea rien pour se tirer d'affaire : il appela de la sentence, ce qui lui valut quelque répit; puis, du moins ceci paraît certain, à l'occasion de la naissance d'une princesse qu'il appelle Marie, il implora la protection du père de cette princesse. Cette démarche lui réussit : le prince intercéda pour lui, et le Parlement commua sa peine en celle du bannissement. Villon se montra pénétré de reconnaissance. Il adressa une requête au Parlement, pour lui rendre grâces autant que pour lui demander un délai de trois jours pour quitter Paris, et il composa pour la princesse qui venait de naître des vers pleins de sentiment. M. Prompsault a cru que cette princesse était Marie de Bourgogne, fille de Charles le Téméraire, née le 13 février 1457; mais c'était une erreur. M. Auguste Vitu, qui prépare depuis nombre d'années une édition de Villon, a reconnu qu'il s'agissait de Marie d'Orléans, fille du poëte Charles d'Orléans, née le 19 décembre 1457, et M. Campeaux a clairement démontré que cette opinion était fondée.

A partir du moment où Villon quitte Paris, en exécution de l'arrêt du Parlement, nous perdons sa trace jusqu'en 1461. A cette époque nous le trouvons dans les prisons de Meung-sur-Loire, où le détient Thibault d'Aussigny, évêque d'Orléans. Quel nouveau méfait lui reprochait-on? Ceux qui supposent qu'il avait fabriqué de la fausse monnaie n'ont pas pris garde que la punition de ce crime était exclusivement du ressort des juges séculiers. Dans le *Débat du cœur et du corps de Villon*, composé dans sa prison, le poëte attribue sa détention à sa *folle plaisance*.

Ce qu'on lui reprochait, c'était peut-être quelque propos ou quelque écrit peu orthodoxe, quelque *plaisanterie* sentant le sacrilége, quelque aventure galante par trop scandaleuse, toutes choses dont il était bien capable et dont la répression regardait la justice ecclésiastique. Il y a lieu de croire que le délit n'était pas en rapport avec la punition, car Villon, qui n'a jamais protesté contre sa condamnation au fouet, qui se contente d'indiquer vaguement que le Parlement l'avait jugé *par fausserie*, fit preuve de la plus violente rancune contre Thibault d'Aussigny. Il paraît même certain que cette mauvaise affaire ne lui fit pas perdre la faveur de ses protecteurs, Charles d'Orléans et le duc de Bourbon.

Quoi qu'il en soit, Villon languit longtemps dans la prison de Meung, plongé dans un cul de basse-fosse, nourri au pain et à l'eau. Rien n'indique qu'une sentence quelconque ait été rendue contre lui, mais le traitement qu'on lui faisait subir devait le conduire lentement à une mort certaine. Heureusement Louis XI, qui venait de succéder à Charles VII, alla à Meung dans l'automne de 1461, et Villon lui dut sa délivrance. Fut-ce, ainsi que le dit M. Campeaux, par suite « du don de joyeux avénement qui remettait leur peine à tous les prisonniers d'une ville où le roi entrait après son sacre? » Je serais plutôt porté à croire, malgré l'absence de preuves, que Villon fut personnellement l'objet d'une mesure de clémence de la part du roi; la façon dont il en témoigne sa reconnaissance me paraît justifier cette supposition (1).

En sortant des prisons de Meung, Villon com-

(1) On a dit récemment que le roi qui délivra Villon était Charles VII. Je ne puis adopter cette opinion. Sans examiner ici la valeur du document sur lequel elle est basée, je me bornerai à faire remarquer que Charles VII mourut à Mehun-sur-Yèvre, près de Bourges, le 22 juillet 1461, pré-

posa, du moins en partie, le *Grand Testament*, dans lequel sont intercalées des pièces qui se rapportent à diverses époques de sa vie, et dont quelques-unes ont dû être composées beaucoup plus tard.

Il est probable, en effet, que Villon vécut encore longtemps; mais on ne sait rien de précis à cet égard. Les conjectures sur lesquelles on se fonde pour placer la date de sa mort entre 1480 et 1489 ne sont, en définitive, que des conjectures. Quant aux voyages qu'on lui fait faire à Saint-Omer, Lille, Douai, Salins, Angers, Saint-Genoux, et jusque dans le Roussillon, rien ne prouve qu'ils ont eu lieu. Villon nomme ces localités dans ses œuvres, il est vrai, mais nulle part il ne dit qu'il les a visitées. Son voyage à Bruxelles, son séjour en Angleterre, avec la réponse hardie qu'il aurait faite au roi Edouard V, ne me semblent pas beaucoup plus certains, malgré mon respect pour celui qui s'en est fait l'historien (1). Ce qui me semble hors de doute, c'est sa retraite dans le centre de la France, où semblait l'attirer quelque chose qui nous est inconnu, peut-être quelque relation de famille. Dans le *Petit Testament*, il annonce qu'il va à Angers (2); il en revenait peut-être lorsqu'il fut arrêté à Meung. Dans le *Grand Testament*, il dit qu'il « parle un peu poictevin (3). » La *Ballade Villon* (p. 109) et la *Double ballade* (p. 107) prouvent qu'il séjourna

cisément au moment où Villon était dans la prison de Meung-sur-Loire, près d'Orléans, où il passa *tout un été* (p. 21, v. 14), c'est-à-dire tout l'été de la même année 1461.

(1) Rabelais, livre IV, chap. LXVII. M. Nagel a relevé deux erreurs dans ce passage de Rabelais. Villon n'aurait pu se trouver à la cour d'Edouard V, qui ne monta sur le trône qu'en 1483, et le médecin Thomas Linacre, né vers 1460, ne fut célèbre que sous les règnes de Henri VII et de Henri VIII.

(2) Page 9. — Le Franc archer de Bagnolet dit, p. 157, v. 12 : « Ma mère fut née d'Anjou; » mais cela ne prouverait rien, même quand il serait démontré que ce monologue est de Villon.

(3) Page 62.

quelque temps à Blois, à la cour de Charles d'Orléans, et le vers de la page 111 :

Que fais-je plus ? Quoi ? Les gaiges ravoir,

autorise à penser qu'il avait obtenu auprès du prince une de ces charges qu'on donnait aux poëtes de cour. Ainsi, par le *Dit de la naissance Marie,* Villon n'avait pas seulement échappé au dernier supplice ; il s'était de plus acquis la faveur de Charles d'Orléans, et il sut la conserver, du moins pendant quelque temps, et peut-être jusqu'à la mort du duc, arrivée en 1465.

Il eut un autre protecteur en la personne du duc de Bourbon, qui lui faisait de « gracieux prêts (1). »

Enfin, Rabelais, livre IV, chapitre XIII, nous apprend que « maistre François Villon, sus ses vieux jours, se retira à Saint-Maixent en Poictou, sous la faveur d'un homme de bien, abbé dudit lieu. Là, pour donner passetemps au peuple, entreprit faire jouer la Passion en gestes et langage poictevin (2). » Ce témoignage n'est pas irrécusable ; mais pourquoi ne pas l'accepter ? Après une vie aussi agitée, on aime à se représenter le pauvre poëte enfin tranquille, à l'abri du besoin, s'occupant, pour son plaisir, de jeux dramatiques, auxquels il avait dû probablement, dans d'autres temps, demander son pain (3).

En pénétrant dans les mystères de cette existence misérable, on est frappé de deux choses : D'abord, on remarque qu'elle n'exerça pas sur le

(1) P. 115, v. 6.
(2) *Œuvres de Rabelais,* édition Burgaud des Marets et Rathery, t. II, p. 92. On voit ensuite un tour joué au sacristain des cordeliers, Estienne Tapecoue, qui sent bien son Villon, mais dont le dénoûment cruel a pu être inventé par Rabelais, qui n'aimait pas les moines.
(3) On croit que Villon donna des représentations dramatiques à Paris et ailleurs, et c'est comme directeur de troupe qu'on lui fait parcourir une partie de la France et des Pays-Bas.

cœur de Villon toute l'action corruptrice qu'il y avait lieu de redouter. Au milieu de son abjection, Villon conserve des sentiments élevés. Il est plein d'amour et de respect pour sa mère (1), de reconnaissance pour quiconque l'a secouru (2), de vénération pour ceux qui ont fait de grandes choses; il aime son pays, chose d'autant plus honorable qu'elle était rare en ce temps-là (3); il regrette les erreurs de sa jeunesse, et le temps qu'il a si mal employé (4); voilà qui doit lui faire pardonner bien des choses.

Puis, quelle influence n'eut-elle pas sur le talent du poëte (5)! Formé, comme on dit aujourd'hui, à l'école du malheur, il vit les choses sous leur vrai jour, et il entra dans une voie tout à fait nouvelle. Il rompit en visière à l'Allégorie, qui régnait alors en souveraine, à toutes les afféteries de la poésie rhétoricienne cultivée par les beaux esprits du temps. Il fut le premier poëte *réaliste*. Que l'on compare avec ses autres œuvres les quelques pièces qu'il a composées selon la poétique de ses contemporains, la *Ballade Villon* (p. 109), la *Requeste au Parlement* (p. 103), et

---

(1) Voy. p. 32, huit. XXXVIII; p. 54, huit. LXXIX; p. 55, Ballade.
(2) Guillaume Villon, p. 9, 53 ; Jean Cotard, p. 22, 58; Louis XI, p. 23, 24; le Parlement, p. 103 ; Marie d'Orléans, p. 105, 107 ; le duc de Bourbon, p. 114.
(3) Ces deux vers de la page 34 :

Et Jehanne, la bonne Lorraine,
Qu'Anglois brulèrent à Rouen,

lui font d'autant plus d'honneur qu'à l'époque où il les écrivit des gens éclairés regardaient Jeanne d'Arc comme sorcière, et les Anglais avaient en France de nombreux partisans.

(4) *Grand Testament*, huitain XXVI et suiv.

(5) *Travail mes lubres sentemens,*
Esguisez comme une pelote,
M'ouvrist plus que tous les Commens
D'Averroys sur Aristote. (P. 25.)

d'autres, et l'on ne sera point tenté de regretter, avec Clément Marot, qu'il n'ait pas été « nourry en la court des rois et princes, où les jugemens s'amendent et les langaiges se pollissent, » car il y eût certainement plus perdu que gagné.

M. A. de Montaiglon a parfaitement caractérisé le rôle de Villon dans la poésie française. Je ne puis mieux faire que de lui emprunter ces quelques lignes :

« ... Au moment où parut Villon, la littérature française en était précisément à cette période de transformation ; de la poésie générale elle passait à la poésie personnelle ; ses contemporains, subissant à leur insu cette phase littéraire, s'essayaient à l'individualité avec plus d'effort que de bonheur ; Villon l'atteignit du premier coup. Sa force est là, et sa valeur s'augmente de l'intérêt que, sous ce rapport, offraient ses œuvres. Elle est tellement saisissante qu'elle a été reconnue de tous, et le succès qui l'accueillit ne s'arrêta pas. François Ier lui fit l'honneur de faire faire une édition de ses poésies par Clément Marot, qui le combla de ses louanges. Un peu plus tard, il est vrai, l'école de Ronsard protesta. Pasquier condamne Villon, et Du Verdier s'émerveille que Marot ait osé « louer un si *goffe* ouvrier et faire cas de ce qui ne vaut rien. » Cela marque moins un manque de goût que la force partiale du préjugé ; la Pléiade, qui est en réalité aussi aristocratique que savante, ne pouvait admirer Villon sans se condamner elle-même ; mais, ce moment passé, le charme recommence : Regnier est un disciple de Villon ; Patru le loue ; Boileau a senti quel était son rang ; La Fontaine l'admire ; Voltaire l'imite ; les érudits littéraires du XVIIe et du XVIIIe siècle, Colletet, le P. Du Cerceau, l'abbé Massieu, l'abbé Goujet, parlent de lui comme il convient, en même temps que Coustelier et Formey le réimpriment, que La Monnoye l'annote, et que

Lenglet-Dufresnoy prépare une nouvelle édition. De nos jours, une justice encore plus éclatante lui a été rendue. L'édition de Prompsault, à laquelle M. Lacroix est venu ajouter, pourrait être acceptée comme définitive, au moins quant au texte, si M. Vitu n'en promettait une, qui, en profitant des précédentes, donnera sans doute le dernier mot. Tous ceux qui ont parlé incidemment de Villon, MM. Sainte-Beuve, Saint-Marc Girardin, Chasles, Nisard, Geruzez, Demogeot, Génin, et d'autres encore, l'ont bien caractérisé. En même temps qu'eux, M. Daunou a écrit sur notre poète une longue étude, insérée dans le *Journal des Savants*, et M. Théophile Gautier, dans l'ancienne *Revue française*, des pages vives, aussi justes que pleines de verve, qui ont été recueillies dans ses *Grotesques*. Enfin, en 1850 M. Profillet, et en 1856 un professeur allemand, M. Nagel, ont pris Villon pour sujet d'un travail spécial; l'année dernière (1859), M. Campeaux lui a consacré un excellent travail, auquel, pour être meilleur, il ne manque peut-être qu'une plus ancienne et plus familière connaissance des alentours. Tous sont, avec raison, unanimes à reconnaître l'originalité, la valeur aisée et puissante, la force et l'*humanité* de la poésie de Villon. Pour eux tous, et ce jugement est aujourd'hui sans appel, Villon n'est pas seulement le poète supérieur du XVe siècle, mais il est aussi le premier poète, dans le vrai sens du mot, qu'ait eu la France moderne, et il s'est écoulé un long temps avant que d'autres fussent dignes d'être mis à côté de lui. L'appréciation est maintenant juste et complète; d'autres viendront qui le loueront avec plus ou moins d'éclat et de talent, qui le jugeront avec une critique plus ou moins solide ou brillante; mais désormais les traits de la figure de Villon sont arrêtés de façon à ne plus changer, et ceux qui entreprendront d'y revenir ne pourront rester dans la vérité qu'à la condition de s'en tenir aux mêmes contours. »

Plus loin, M. A. de Montaiglon, passant légèrement sur le *Petit Testament*, « qui n'est que spirituel, » et sur quelques pièces qu'il regrette de trouver dans le *Grand Testament*, ajoute :

« Ce n'est pas là qu'il faut chercher Villon, mais dans la partie populaire et humaine de son œuvre. On ne dira jamais assez à quel point le mérite de la pensée et de la forme y est inestimable. Le sentiment en est étrange, et aussi touchant que pittoresque dans sa sincérité ; Villon peint presque sans le savoir, et en peignant il ne pallie, il n'excuse rien ; il a même des regrets, et ses torts, qu'il reconnaît en se blâmant, mais dont il ne peut se défendre, il ne les montre que pour en détourner. Je connais même peu de leçons plus fortes que la ballade : *Tout aux tavernes et aux filles*. La bouffonnerie, dans ses vers, se mêle à la gravité, l'émotion à la raillerie, la tristesse à la débauche ; le trait piquant se termine avec mélancolie ; le sentiment du néant des choses et des êtres est mêlé d'un burlesque soudain qui en augmente l'effet. Et tout cela est si naturel, si net, si franc, si spirituel ; le style suit la pensée avec une justesse si vive, que vous n'avez pas le temps d'admirer comment le corps qu'il revêt est habillé par le vêtement. C'est bien mieux que l'esprit bourgeois, toujours un peu mesquin, c'est l'esprit populaire que cet enfant des Halles, qui écrivait : *Il n'est bon bec que de Paris*, a recueilli dans les rues et qu'il épure en l'aiguisant. Il en a le sentiment, il en prend les mots, mais il les encadre, il les incruste dans une phrase si vive, si nette, si bien construite, si énergique ou si légère, que cette langue colorée reçoit de son génie l'élégance et même le goût, sans rien perdre de sa force. Il a tout : la vigueur et le charme, la clarté et l'éclat, la variété et l'unité, la gravité et l'esprit, la brièveté incisive du trait et la plénitude du sens, la souplesse capricieuse et la fougue violente, la qualité contemporaine et l'éternelle humanité. Il faut aller jusqu'à Rabelais pour trouver un maître qu'on puisse lui comparer, et qui écrive le français avec la science et l'instinct, avec la pureté et la fantaisie, avec la grâce délicate et la rudesse souveraine que l'on admire dans Villon, et qu'il a seul parmi les gens de son temps... »

On ne connaît certainement pas la totalité des œuvres de Villon, du moins sous son nom. Il est évident que le *Petit Testament* n'est pas son coup d'essai. Lors de son second procès, en 1457, il était probablement connu par d'autres compositions. Sans cela, il est douteux que Charles d'Orléans fût intervenu en sa faveur, et que le Parlement lui eût fait grâce de la vie. Lorsqu'il composa le *Grand Testament*, il y fit entrer quelques pièces qui n'en faisaient pas nécessairement partie, mais qui s'y rattachaient assez naturellement. On n'y trouve pas une ballade, pas un rondeau composés antérieurement au *Petit Testament*. Villon ne paraît pas avoir été très-soucieux de recueillir ses œuvres. La plupart sont sans doute perdues ; d'autres sont disséminées dans des recueils manuscrits ou imprimés où il n'est pas facile de les reconnaître, soit parce qu'elles ne portent pas de nom d'auteur, soit parce qu'elles sont attribuées à d'autres. On ne connaît pas de manuscrit qui contienne tout ce qu'on sait positivement lui appartenir. Les premières éditions, qui furent faites sans son concours et probablement après sa mort, ne contiennent que le *Grand* et le *Petit Testament*, le *Jargon*, et un petit nombre de pièces détachées. Jean de Calais, l'éditeur présumé du *Jardin de plaisance*, dont la première édition est de 1499 ou de 1500, s'acquitta fort mal des fonctions d'exécuteur testamentaire que Villon lui avait confiées, si tant est qu'on doive prendre au sérieux les huitains CLX et CLXI du *Grand Testament*. Il fit entrer dans son recueil diverses pièces connues comme étant de Villon et beaucoup d'autres qu'on lui attribue avec plus ou moins de vraisemblance, mais sans dire des unes ni des autres qu'elles étaient de lui.

M. Brunet a donné, dans la dernière édition du *Manuel du Libraire*, une excellente notice des éditions de Villon. La première avec date est de Paris (Pierre Levet), 1489, in-4°. Il en parut plusieurs autres à la fin du XVe siècle et au commencement du XVIe. Celle de Paris, Galiot Du Pré, 1532, in-8, est la première à laquelle on ait joint les *Repues franches*, le *Monologue du franc archier de Baignolet* et le *Dialogue des seigneurs de Mallepaye et de Baillevent* (1).

L'année suivante, le même Galiot Du Pré publia la première édition des œuvres de Villon revues par Clément Marot.

En 1723 il parut chez Coustelier une édition de Villon, avec les remarques d'Eusèbe de Laurière et une lettre du P. Du Cerceau.

Les œuvres de Villon furent réimprimées en 1742, à la Haye, avec les remarques de Laurière, Le Duchat et Formey, des mémoires de Prosper Marchand et une lettre critique extraite du *Mercure* de février 1724.

En 1832 parut l'édition de Prompsault, fruit de longues et laborieuses recherches, et qui, sans être parfaite, ne méritait pas le discrédit dont elle a été frappée pendant longtemps.

Dans l'édition de 1854, due aux soins de M. P. L.

---

(1) Il avait été fait antérieurement plusieurs éditions des *Repeues franches*, qui s'ajoutaient aux éditions correspondantes des œuvres de Villon, mais qui portaient des signatures ou une pagination séparées.

Jacob, bibliophile (M. Paul Lacroix), le texte de Prompsault a été revu, notablement amélioré, élucidé par des notes où brillent l'érudition et la sagacité bien connues de leur auteur.

Enfin, tout récemment, M. Paul Lacroix a publié le texte des deux *Testaments* d'après un manuscrit de la bibliothèque de l'Arsenal. Je n'ai pu faire usage de cette intéressante publication, d'abord parce que l'impression de mon édition était trop avancée, puis pour une autre raison : c'est que je ne pouvais m'écarter du texte que j'avais adopté.

On savait depuis longtemps que La Monnoye avait eu l'intention de faire une édition des œuvres de Villon. A cet effet, il avait annoté un exemplaire de l'édition de 1723. Cet exemplaire, dont on avait perdu la trace depuis longtemps, a été retrouvé, en 1858, au *British Museum*, par M. Gustave Masson, qui m'a gracieusement offert une copie du travail de La Monnoye.

En tête de son exemplaire, La Monnoye avait inscrit d'abord ce titre, qui nous fait connaître le plan d'une vaste collection qu'il projetait :

L'Histoire et les Chefs de la poésie françoise, avec la liste des poëtes provençaux et françois, accompagnée de remarques sur le caractère de leurs ouvrages.

Puis vient ce titre particulier :

Poésies de François Villon et de ses disciples, revues sur les différentes éditions, corrigées et augmentées sur le manuscrit de M. le duc de Coislin et sur plusieurs autres, et enrichies d'un grand nombre de pièces, avec des notes historiques et critiques.

La Monnoye n'eut pas le temps de mettre la dernière main à son édition de Villon. Son travail ne porta que sur l'établissement du texte. La comparaison des manuscrits et des anciennes éditions, faite par un homme tel que La Monnoye, devait donner d'excellents résultats. J'ai reproduit scrupuleusement, sauf deux ou trois exceptions indiquées dans les notes, le texte tel qu'il a été arrêté par lui, et ce texte est assurément le meilleur qu'on ait donné jusqu'à présent.

La Monnoye ne se contenta pas de revoir le texte de l'édition de 1723. Il y ajouta de sa main divers morceaux qui n'avaient pas encore été publiés, et qui ont paru pour la première fois dans l'édition Prompsault. Mais il ne put faire le choix des poésies qu'il voulait joindre aux œuvres de Villon. Pour répondre de mon mieux à son plan, je donne à la fin du volume dix-sept pièces tirées du *Jardin de plaisance*. M. Campeaux en avait publié un plus grand nombre : j'ai fait un choix dans son choix, et si les pièces que je donne ne sont pas de Villon, elles sont au moins de son école, et souvent dignes de lui.

Pour toute la partie du texte établie par La Monnoye, je n'avais qu'une chose à faire : suivre la leçon adoptée par lui. A l'égard des pièces dont il ne s'était pas occupé, j'ai dû agir autrement : je les ai revues sur les manuscrits et les éditions originales.

A défaut des notes historiques et critiques promises par La Monnoye, et sans avoir la prétention de les suppléer, je donne à la suite du texte quelques renseignements qui m'ont paru nécessaires, puis un *Glossaire-Index*, dans lequel j'ai tenté d'expliquer les mots vieillis, de donner des renseignements sur les personnes et les choses. S'il n'a pas d'autre utilité, ce travail servira du moins de table.

Une édition de Villon n'est pas facile à faire. J'ai largement mis à profit les travaux de mes devanciers, et je me plais à le reconnaître. J'aurais pu relever bien des erreurs : je me suis contenté de les corriger. Je crois que cette édition vaut mieux que celles qui l'ont précédée. D'autres viendront après moi qui feront mieux. J'ai cru prudent de leur donner l'exemple de l'indulgence.

P. Jannet.

REMARQUES PHILOLOGIQUES.

La langue de Villon est encore la vieille et bonne langue française, riche et simple, claire, naturelle, à l'allure vive et franche. C'est encore la langue des fabliaux, assouplie, mais presque entièrement préservée de l'invasion des mots pédantesques forgés dans la seconde moitié du XVe siècle. Le *Glossaire*, dont l'étendue est grande relativement à celle du livre, n'offre qu'un petit nombre de ces mots. En revanche, il en contient beaucoup d'autres dont la perte est regrettable.

Villon était très-sévère pour la rime. Aussi, lorsque nous rencontrons à la fin de ses vers quelque chose qui nous paraît anormal, nous devons nous garder de l'expliquer par une négligence du poëte. Il faut chercher d'autres raisons ; cela peut amener des observations intéressantes.

Par exemple, lorsqu'il fait rimer *e* avec *a* (1), cela prouve, ainsi que Marot l'a remarqué, que Villon prononçait, à la parisienne, *a* pour *e*.

Lorsqu'il fait rimer *oi*, *oy*, avec *ai*, *ay*, *é* (2), cela prouve que ce que nous appelons la diphthongue *oi* se prononçait *é* ou *è*.

S'il fait rimer *Changon*, *Nygon*, *escourgon*, avec *donjon* (3), c'est que, dans certains cas, le *g* se prononçait *j*.

---

(1) *Robert*, *haubert*, avec **pluspart**, **poupart** (p. 11 et 12); *La Barre*, *feurre*, avec *terre*, *querre* (p. 14); *appert* avec *part*, *despart* (p. 44), etc.

(2) *Chollet* avec *souloit* (p. 14); *exploictz* avec *laiz* (p. 17); *moyne*, *essoyne*, *royne*, avec *Seine* (p. 34), etc.

(3) Pages 12 et 13.

XXIV REMARQUES PHILOLOGIQUES.

S'il fait rimer *fuste* avec *fusse*, *prophètes* avec *fesses* (1), c'est encore une affaire de prononciation parisienne.

Il en est de même d'*ancien*, *Valérien*, *paroissien*, rimant avec *an* (2).

Lorsqu'il écrit *soullon* pour rimer avec *Roussillon* (3), il entend que les deux *ll* seront mouillées, et prononcées comme telles, sans être précédées d'un *i*, comme en espagnol.

Comment faut-il prononcer le nom de Villon ? La *Ballade* de la page 99, l'*Épistre* de la page 111, le *Problème* ou *Ballade* de la page 120, etc., ne laissent aucun doute à cet égard. On doit le prononcer comme les deux dernières syllabes du mot *pavillon*, c'est-à-dire comme on pourra. En France, ce n'est guère que dans le Midi qu'on sait prononcer les *ll* mouillées. Les Parisiens diront *Viyon*; les Picards, *Vilion*...

> Mais bien est fol et lunaticque
> Qui de ce fait sermon si long ;
> Peu nuit à la chose publicque
> Se Brussiens disent Filon.
> Il ne m'en chault gueres si l'on
> Choisit de ces façons la pire,
> Et bien veuil qu'on dise selon
> Que dès pieça l'on souloit dire.

(1) Pages 26 et 52.
(2) P. 81.
(3) Voy. la Ballade de la page 99.

CLÉMENT MAROT DE CAHORS

Varlet de chambre du Roy

AUX LECTEURS.

Entre *tous les bons livres imprimez de la langue françoise ne s'en veoit ung si incorrect ne si lourdement corrompu que celluy de Villon, et m'esbahy (veu que c'est le meilleur Poëte parisien qui se trouve) comment les imprimeurs de Paris et les enfans de la ville n'en ont eu plus grand soing. Je ne suis (certes) en rien son voysin; mais, pour l'amour de son gentil entendement, et en recompense de ce que je puys avoir aprins de luy en lisant ses Œuvres, j'ai faict à icelles ce que je vouldroys estre faict aux miennes, si elles estoient tombées en semblable inconvénient. Tant y ay trouvé de broillerie en l'ordre des coupletz et des vers, en mesure, en langaige, en la ryme et en la raison, que je ne sçay duquel je doy plus avoir pitié, ou de l'œuvre ainsi oultrement gastée, ou de l'ignorance de ceux qui l'imprimèrent; et, pour en faire preuve, me suys advisé (Lecteurs) de vous mettre icy ung des coupletz incorrectz du mal imprimé Villon, qui vous fera exemple et tes-*

moing d'ung grand nombre d'autres autant broillez et gastez que luy, lequel est tel :

> Or est vray qu'apres plainctz et pleurs
> Et angoisseux gemissemens,
> Apres tristesses et douleurs
> Labeurs et griefz cheminemens
> Travaille mes lubres sentemens
> Aguysez ronds, comme une pelote
> Monstrent plus que les commens
> En sens moral de Aristote.

Qui est celluy qui vouldroit nyer le sens n'en estre grandement corrompu ? Ainsi, pour vray, l'ay-je trouvé aux vieilles impressions, et encores pis aux nouvelles. Or, voyez maintenant comment il a esté r'abillé, et en jugez gratieusement :

> Or est vray qu'apres plainctz et pleurs
> Et angoisseux gemissemens,
> Apres tristesses et douleurs,
> Labeurs et griefz cheminemens,
> Travail mes lubres sentements
> Aguysa (ronds comme pelote),
> Me monstrant plus que les comments
> Sur le sens moral d'Aristote.

Voylà comment il me semble que l'autheur l'entendoit ; et vous suffise ce petit amendement pour vous rendre advertiz de ce que puys avoir amendé en mille autres passaiges, dont les aucuns me ont esté aisez et les autres très difficiles. Toutesfoys, partie avecques les vieulx imprimez, partie avecques l'ayde de bons vieillards qui en sçavent par cueur, et partie par deviner avecques jugement naturel, a esté reduict nostre Villon en meilleure et plus entière forme qu'on ne l'a veu de nos

*aages, et ce sans avoir touché à l'antiquité de
son parler, à sa façon de rimer, à ses meslées et
longues parenthèses, à la quantité de ses sillabes,
ne à ses couppes, tant feminines que masculines;
esquelles choses il n'a suffisamment observé les
vrayes reigles de françoise poesie, et ne suys
d'advis que en cela les jeunes Poetes l'ensuyvent,
mais bien qu'ilz cueillent ses sentences comme
belles fleurs, qu'ilz contemplent l'esprit qu'il avoit,
que de luy apreignent à proprement descrire, et
qu'ilz contrefacent sa veine, mesmement celle dont
il use en ses Ballades, qui est vrayment belle et
héroïque, et ne fay doubte qu'il n'eust emporté le
chapeau de laurier devant tous les Poètes de son
temps, s'il eust esté nourry en la Court des Roys
et des Princes, là où les jugemens se amendent
et les langaiges se pollissent. Quant à l'industrie
des lays qu'il feit en ses Testamens, pour suffisamment la congnoistre et entendre il fauldroit
avoir esté de son temps à Paris, et avoir congneu les lieux, les choses et les hommes dont il
parle : la memoire desquelz tant plus se passera,
tant moins se congnoistra icelle industrie de ses
lays dictz. Pour ceste cause, qui vouldra faire une
œuvre de longue durée ne preigne son soubject
sur telles choses basses et particulières. Le reste
des Œuvres de nostre Villon (hors cela) est de tel
artifice, tant plain de bonne doctrine et tellement
painct de mille belles couleurs, que le temps, qui
tout efface, jusques icy ne l'a sceu effacer; et moins
encor l'effacera ores et d'icy en avant, que les
bonnes escriptures françoises sont et seront mieulx
congneues et recueillies que jamais.*

*Et pour ce (comme j'ay dit) que je n'ay touché
à son antique façon de parler, je vous ay exposé
sur la marge, avecques les annotations, ce qui
m'a semblé le plus dur à entendre, laissant le
reste à voz promptes intelligences, comme ly*

Roys *pour* le Roy, homs *pour* homme, compaing *pour* compaignon ; *aussi force pluriers pour singuliers, et plusieurs autres incongruitez dont estoit plain le langaige mal lymé d'icelluy temps.*

Après, quand il s'est trouvé faulte de vers entiers, j'ay prins peine de les refaire au plus près (selon mon possible) de l'intention de l'autheur, et les trouverez expressement marquez de cette marque †, *afin que ceulx qui les sçauront en la sorte que Villon les fist effacent les nouveaulx pour faire place aux vieulx.*

Oultre plus, les termes et les vers qui estoient interposez, trouverez reduictz en leurs places ; les lignes trop courtes, allongées ; les trop longues acoursies ; les motz obmys, remys ; les adjoutez ostez, et les tiltres myeulx attiltrez.

Finablement, j'ay changé l'ordre du livre, et m'a semblé plus raisonnable de le faire commencer par le Petit Testament, d'autant qu'il fut faict cinq ans avant l'autre.

Touchant le Jargon, je le laisse à corriger et exposer aux successeurs de Villon en l'art de la pinse et du croq.

Et si quelqu'un d'adventure veult dire que tout ne soit racoustré ainsi qu'il appartient, je luy respons dès maintenant que, s'il estoit autant navré en sa personne comme j'ay trouvé Villon blessé en ses Œuvres, il n'y a si expert chirurgien qui le sceust panser sans apparence de cicatrice ; et me suffira que le labeur qu'en ce j'ay employé soit agreable au Roy mon souverain, qui est cause et motif de ceste emprise et de l'execution d'icelle, pour l'avoir veu voulentiers escouter et par très bon jugement estimer plusieurs passages des Œuvres qui s'ensuyvent.

MAROT

AU ROY FRANÇOIS Ier.

Si à Villon on treuve encor à dire,
S'il n'est reduict ainsi qu'ay pretendu,
A moy tout seul en soit le blasme (Sire),
Qui plus y ay travaillé qu'entendu ;
Et s'il est mieux en son ordre estendu
Que paravant, de sorte qu'on l'en prise,
Le gré à vous en doyt estre rendu,
Qui fustes seul cause de l'entreprise.

LE
PETIT TESTAMENT

DE MAISTRE

FRANÇOIS VILLON

FAIT L'AN 1456.

I.

MIL quatre cens cinquante et six,
Je, François Villon, escollier,
Considérant, de sens rassis,
Le frain aux dents, franc au collier,
Qu'on doit ses œuvres conseiller,
Comme Vegèce le racompte,
Saige Romain, grand conseiller,
Ou autrement on se mescompte.

II.

En ce temps que j'ay dit devant,
Sur le Noël, morte saison,
Lorsque les loups vivent de vent,
Et qu'on se tient en sa maison,
Pour le frimas, près du tison :
Cy me vint vouloir de briser
La très amoureuse prison
Qui souloit mon cueur desbriser.

III.

Je le feis en telle façon,
Voyant Celle devant mes yeulx
Consentant à ma deffaçon,
Sans ce que jà luy en fust mieulx ;
Dont je me deul et plains aux cieulx,
En requérant d'elle vengence
A tous les dieux venerieux,
Et du grief d'amours allégence.

IV.

Et, se je pense à ma faveur,
Ces doulx regrets et beaulx semblans
De très decepvante saveur,
Me trespercent jusques aux flancs :
Bien ilz ont vers moy les piez blancs
Et me faillent au grant besoing.
Planter me fault autre complant
Et frapper en un autre coing.

V.

Le regard de Celle m'a prins,
Qui m'a esté felonne et dure ;
Sans ce qu'en riens aye mesprins,
Veult et ordonne que j'endure
La mort, et que plus je ne dure.
Si n'y voy secours que fouir.
Rompre veult la dure souldure,
Sans mes piteux regrets ouir !

VI.

Pour obvier à ses dangiers,
Mon mieulx est, ce croy, de partir.

Adieu ! Je m'en voys à Angiers,
Puisqu'el ne me veult impartir
Sa grace, ne me departir.
Par elle meurs, les membres sains ;
Au fort, je meurs amant martir,
Du nombre des amoureux saints !

VII.

Combien que le depart soit dur,
Si fault-il que je m'en esloingne.
Comme mon paouvre sens est dur !
Autre que moy est en queloingne,
Dont onc en forest de Bouloingne
Ne fut plus alteré d'humeur.
C'est pour moy piteuse besoingne :
Dieu en vueille ouïr ma clameur !

VIII.

Et puisque departir me fault,
Et du retour ne suis certain :
Je ne suis homme sans deffault,
Ne qu'autre d'assier ne d'estaing.
Vivre aux humains est incertain,
Et après mort n'y a relaiz :
Je m'en voys en pays loingtaing ;
Si establiz ce present laiz.

IX.

Premierement, au nom du Père,
Du Filz et du Saint-Esperit,
Et de la glorieuse Mère
Par qui grace riens ne périt,
Je laisse, de par Dieu, mon bruit
A maistre Guillaume Villon,

Qui en l'honneur de son nom bruit,
Mes tentes et mon pavillon.

X.

A celle doncques que j'ay dict,
Qui si durement m'a chassé,
Que j'en suys de joye interdict
Et de tout plaisir dechassé,
Je laisse mon cœur enchassé,
Palle, piteux, mort et transy :
Elle m'a ce mal pourchassé,
Mais Dieu luy en face mercy !

XI.

Et à maistre Ythier, marchant,
Auquel je me sens très tenu,
Laisse mon branc d'acier tranchant,
Et à maistre Jehan le Cornu,
Qui est en gaige detenu
Pour ung escot six solz montant;
Je vueil, selon le contenu,
Qu'on luy livre, en le racheptant.

XII.

Item, je laisse à Sainct-Amant
Le Cheval Blanc avec la Mulle,
Et à Blaru, mon dyamant
Et l'Asne rayé qui reculle.
Et le décret qui articulle :
Omnis utriusque sexus,
Contre la Carmeliste bulle,
Laisse aux curez, pour mettre sus.

XIII.

Item, à Jehan Trouvé, bouchier,
Laisse le mouton franc et tendre,
Et ung tachon pour esmoucher
Le bœuf couronné qu'on veult vendre,
Et la vache qu'on ne peult prendre.
Le vilain qui la trousse au col,
S'il ne la rend, qu'on le puist pendre
Ou estrangler d'un bon licol!

XIV.

Et à maistre Robert Vallée,
Povre clergeon au Parlement,
Qui ne tient ne mont ne vallée,
J'ordonne principalement
Qu'on luy baille legerement
Mes brayes, estans aux trumellières,
Pour coeffer plus honestement
S'amye Jehanneton de Millières.

XV.

Pour ce qu'il est de lieu honeste,
Fault qu'il soit myeulx recompensé,
Car le Saint-Esprit l'admoneste.
Ce obstant qu'il est insensé.
Pour ce, je me suis pourpensé,
Puys qu'il n'a sens mais qu'une aulmoire,
De recouvrer sur Malpensé,
Qu'on lui baille, l'Art de mémoire.

XVI.

Item plus, je assigne la vie
Du dessusdict maistre Robert...

Pour Dieu ! n'y ayez point d'envie !
Mes parens, vendez mon haubert,
Et que l'argent, ou la pluspart,
Soit employé, dedans ces Pasques,
Pour achepter à ce poupart
Une fenestre emprès Saint-Jacques.

XVII.

Derechief, je laisse en pur don
Mes gands et ma hucque de soye
A mon amy Jacques Cardon ;
Le gland aussi d'une saulsoye,
Et tous les jours une grosse oye
Et ung chappon de haulte gresse ;
Dix muys de vin blanc comme croye,
Et deux procès, que trop n'engresse.

XVIII.

Item, je laisse à ce jeune homme,
René de Montigny, troys chiens;
Aussi à Jehan Raguyer, la somme
De cent frans, prins sur tous mes biens;
Mais quoy ! Je n'y comprens en riens
Ce que je pourray acquerir :
On ne doit trop prendre des siens,
Ne ses amis trop surquerir.

XIX.

Item, au seigneur de Grigny
Laisse la garde de Nygon,
Et six chiens plus qu'à Montigny,
Vicestre, chastel et donjon ;
Et à ce malostru Changon,
Moutonnier qui tient en procès,

Laisse troys coups d'ung escourgon,
Et coucher, paix et aise, en ceps.

XX

Et à maistre Jacques Raguyer,
Je laisse l'Abreuvoyr Popin,
Pour ses paouvres seurs grafignier;
Tousjours le choix d'ung bon lopin,
Le trou de la Pomme de pin,
Le doz aux rains, au feu la plante,
Emmailloté en jacopin;
Et qui vouldra planter, si plante.

XXI.

Item, à maistre Jehan Mautainct
Et maistre Pierre Basannier,
Le gré du Seigneur, qui attainct
Troubles, forfaits, sans espargnier;
Et à mon procureur Fournier,
Bonnetz courts, chausses semellées,
Taillées sur mon cordouennier,
Pour porter durant ces gellées.

XXII.

Item, au chevalier du guet,
Le heaulme luy establis;
Et aux pietons qui vont d'aguet
Tastonnant par ces establis,
Je leur laisse deux beaulx rubis,
La lenterne à la Pierre-au-Let..
Voire-mais, j'auray les *Troys licts*,
S'ilz me meinent en Chastellet.

XXIII.

Item, à Perrenet Marchant,
Qu'on dit le Bastard de la Barre,
Pour ce qu'il est ung bon marchant,
Luy laisse trois gluyons de feurre
Pour estendre dessus la terre
A faire l'amoureux mestier,
Où il luy fauldra sa vie querre,
Car il ne scet autre mestier

XXIV.

Item, au Loup et à Chollet,
Je laisse à la foys un canart,
Prins sous les murs, comme on souloit,
Envers les fossez, sur le tard;
Et à chascun un grand tabart
De cordelier, jusques aux pieds,
Busche, charbon et poys au lart,
Et mes housaulx sans avantpiedz.

XXV.

Derechief, je laisse en pitié,
A troys petitz enfans tous nudz,
Nommez en ce present traictié,
Paouvres orphelins impourveuz,
Tous deschaussez, tous despourveus,
Et desnuez comme le ver;
J'ordonne qu'ils seront pourveuz,
Au moins pour passer cest yver.

XXVI.

Premierement, Colin Laurens,
Girard Gossoyn et Jehan Marceau,

Desprins de biens et de parens,
Qui n'ont vaillant l'anse d'ung ceau,
Chascun de mes biens ung faisseau,
Ou quatre blancs, s'ilz l'ayment mieulx;
Ils mangeront maint bon morceau,
Ces enfans, quand je seray vieulx!

XXVII.

Item, ma nomination,
Que j'ay de l'Université,
Laisse par résignation,
Pour forclorre d'adversité
Paouvres clercs de ceste cité,
Soubz cest *intendit* contenuz :
Charité m'y a incité,
Et Nature, les voyant nudz.

XXVIII.

C'est maistre Guillaume Cotin
Et maistre Thibault de Vitry,
Deux paouvres clercs, parlans latin,
Paisibles enfans, sans estry,
Humbles, bien chantans au lectry.
Je leur laisse cens recevoir
Sur la maison Guillot Gueuldry,
En attendant de mieulx avoir.

XXIX.

Item plus, je adjoinctz à la Crosse
Celle de la rue Sainct-Anthoine,
Et ung billart de quoy on crosse,
Et tous les jours plain pot de Seine,
Aux pigons qui sont en l'essoine,
Enserrez soubz trappe volière,

Et mon mirouer bel et ydoyne,
Et la grace de la geollière.

XXX.

Item, je laisse aux hospitaux
Mes chassis tissus d'araignée;
Et aux gisans soubz les estaux,
Chascun sur l'œil une grongnée,
Trembler à chière renffrongnée,
Maigres, velluz et morfonduz;
Chausses courtes, robbe rongnée,
Gelez, meurdriz et enfonduz.

XXXI.

Item, je laisse à mon barbier
Les rongneures de mes cheveulx,
Plainement et sans destourbier;
Au savetier, mes souliers vieulx,
Et au fripier, mes habitz tieulx
Que, quant du tout je les délaisse,
Pour moins qu'ilz ne coustèrent neufz
Charitablement je leur laisse.

XXXII.

Item, aux Quatre Mendians,
Aux Filles Dieu et aux Beguynes,
Savoureulx morceaulx et frians,
Chappons, pigons, grasses gelines,
Et puis prescher les Quinze Signes,
Et abatre pain à deux mains.
Carmes chevaulchent nos voisines,
Mais cela ne m'est que du meins.

XXXIII.

Item, laisse le Mortier d'or
A Jehan l'Espicier, de la Garde,
Et une potence à Sainct-Mor,
Pour faire ung broyer à moustarde,
Et celluy qui feit l'avant-garde,
Pour faire sur moy griefz exploitz,
De par moy sainct Anthoine l'arde!
Je ne lui lairray autre laiz.

XXXIV.

Item, je laisse à Mairebeuf
Et à Nicolas de Louvieulx,
A chascun l'escaille d'un œuf,
Plaine de frans et d'escus vieulx.
Quant au concierge de Gouvieulx,
Pierre Ronseville, je ordonne,
Pour luy donner encore mieulx,
Escus telz que prince les donne.

XXXV.

Finalement, en escrivant,
Ce soir, seullet, estant en bonne,
Dictant ces laiz et descripvant,
Je ouyz la cloche de Sorbonne,
Qui tousjours à neuf heures sonne
Le Salut que l'Ange predit;
Cy suspendy et cy mis bonne,
Pour pryer comme le cueur dit.

XXXVI.

Cela fait, je me entre-oubliai,
Non pas par force de vin boire,

Mon esperit comme lié;
Lors je senty dame Memoire
Rescondre et mectre en son aulmoire
Ses espèces collaterales,
Oppinative faulce et voire,
Et autres intellectualles.

XXXVII.

Et mesmement l'extimative,
Par quoy prosperité nous vient;
Similative, formative,
Desquelz souvent il advient
Que, par l'art trouvé, hom devient
Fol et lunaticque par moys :
Je l'ay leu, et bien m'en souvient,
En Aristote aucunes fois.

XXXVIII.

Doncques le sensif s'esveilla
Et esvertua fantasie,
Qui tous argcutis resveilla,
Et tint souveraine partie,
En souppirant, comme amortie,
Par oppression d'oubliance,
Qui en moy s'estoit espartie
Pour montrer des sens l'alliance.

XXXIX.

Puis, mon sens qui fut à repos
Et l'entendement desveillé,
Je cuide finer mon propos;
Mais mon encre estoit gelé,
Et mon cierge estoit souflé.
De feu je n'eusse pu finer.

Si m'endormy, tout enmouflé,
Et ne peuz autrement finer.

XL

Fait au temps de ladicte date,
Par le bon renommé Villon,
Qui ne mange figue ne date;
Sec et noir comme escouvillon,
Il n'a tente ne pavillon
Qu'il n'ayt laissé à ses amys,
Et n'a mais qu'un peu de billon,
Qui sera tantost à fin mys.

CY FINE LE TESTAMENT VILLON.

CY COMMENCE
LE
GRANT TESTAMENT
DE
FRANÇOIS VILLON
FAIT EN 1461.

I.

EN l'an trentiesme de mon eage,
Que toutes mes hontes j'eu beues,
Ne du tout fol, ne du tout sage.
Nonobstant maintes peines eues,
Lesquelles j'ay toutes receues
Soubz la main Thibault d'Aussigny.
S'evesque il est, seignant les rues,
Qu'il soit le mien je le regny !

II.

Mon seigneur n'est, ne mon evesque;
Soubz luy ne tiens, s'il n'est en friche;
Foy ne luy doy, ne hommage avecque;
Je ne suis son serf ne sa biche.
Peu m'a d'une petite miche
Et de froide eau, tout ung esté.

Large ou estroit, moult me fut chiche.
Tel luy soit Dieu qu'il m'a esté.

III.

Et, s'aucun me vouloit reprendre
Et dire que je le mauldys,
Non fais, si bien me sçait comprendre,
Et rien de luy je ne mesdys.
Voycy tout le mal que j'en dys :
S'il m'a esté misericors,
Jésus, le roy de paradis,
Tel luy soit à l'ame et au corps!

IV.

S'il m'a esté dur et cruel
Trop plus que cy ne le racompte,
Je vueil que le Dieu eternel
Luy soit doncq' semblable, à ce compte!...
Mais l'Eglise nous dit et compte
Que prions pour nos ennemis ;
Je vous dis que j'ay tort et honte :
Tous ses faictz soient à Dieu remis!

V.

Si prieray Dieu de bon cueur,
Pour l'ame du bon feu Cotard.
Mais quoy! ce sera doncq par cueur,
Car de lire je suys faitard.
Prière en feray de Picard ;
S'il ne le sçait, voise l'apprandre,
S'il m'en croyt, ains qu'il soit plus tard
A Douay, ou à Lysle en Flandre.

VI.

Combien souvent je veuil qu'on prie
Pour luy, foy que doy mon baptesme,
Obstant qu'à chascun ne le crye,
Il ne fauldra pas à son esme.
Au Psaultier prens, quand suys à mesme,
Qui n'est de beuf ne cordoen,
Le verset escript le septiesme
Du psaulme de *Deus laudem*.

VII.

Si pry au benoist Filz de Dieu,
Qu'à tous mes besoings je reclame,
Que ma pauvre prière ayt lieu
Verz luy, de qui tiens corps et ame,
Qui m'a preservé de maint blasme
Et franchy de vile puissance.
Loué soit-il, et Nostre-Dame,
Et Loys, le bon roy de France!

VIII.

Auquel doint Dieu l'heur de Jacob,
De Salomon l'honneur et gloire;
Quant de prouesse, il en a trop;
De force aussi, par m'ame, voire!
En ce monde-cy transitoire,
Tant qu'il a de long et de lé;
Affin que de luy soit memoire,
Vive autant que Mathusalé!

IX.

Et douze beaulx enfans, tous masles,
Veoir, de son très cher sang royal,

Aussi preux que fut le grand Charles,
Conceuz en ventre nuptial,
Bons comme fut sainct Martial.
Ainsi en preigne au bon Dauphin;
Je ne luy souhaicte autre mal,
Et puys paradis à la fin.

X.

Pour ce que foible je me sens,
Trop plus de biens que de santé,
Tant que je suys en mon plain sens,
Si peu que Dieu m'en a presté,
Car d'autre ne l'ay emprunté,
J'ay ce Testament très estable
Faict, de dernière voulenté,
Seul pour tout et irrevocable :

XI.

Escript l'ay l'an soixante et ung,
Que le bon roy me delivra
De la dure prison de Mehun,
Et que vie me recouvra,
Dont suys, tant que mon cueur vivra,
Tenu vers luy me humilier,
Ce que feray jusqu'il mourra :
Bienfaict ne se doibt oublier.

*Icy commence Villon à entrer en matière
pleine d'erudition et de bon sçavoir.*

XII.

Or est vray qu'après plaingtz et pleurs,
Et angoisseux gemissemens,

Après tristesses et douleurs,
Labeurs et griefz cheminemens,
Travail mes lubres sentemens,
Esguisez comme une pelote,
M'ouvrist plus que tous les Commens
D'Averroys sur Aristote.

XIII.

Combien qu'au plus fort de mes maulx,
En cheminant sans croix ne pile,
Dieu, qui les Pellerins d'Esmaus
Conforta, ce dit l'Evangile,
Me montra une bonne ville
Et pourveut du don d'esperance;
Combien que le pecheur soit vile,
Riens ne hayt que perseverance.

XIV.

Je suys pecheur, je le sçay bien;
Pourtant Dieu ne veult pas ma mort,
Mais convertisse et vive en bien;
Mieulx tout autre que peché mord,
Soye vraye voulenté ou enhort,
Dieu voit, et sa misericorde,
Se conscience me remord,
Par sa grace pardon m'accorde.

XV.

Et, comme le noble Romant
De la Rose dit et confesse
En son premier commencement,
Qu'on doit jeune cueur, en jeunesse,
Quant on le voit vieil en vieillesse,
Excuser; helas! il dit voir.

Ceulx donc qui me font telle oppresse,
En meurté ne me vouldroient veoir.

XVI.

Se, pour ma mort, le bien publique
D'aucune chose vaulsist myeulx,
A mourir comme ung homme inique
Je me jugeasse, ainsi m'aid Dieux !
Grief ne faiz à jeune ne vieulx,
Soye sur pied ou soye en bière :
Les montz ne bougent de leurs lieux,
Pour un paouvre, n'avant, n'arrière.

XVII.

Au temps que Alexandre regna,
Ung hom, nommé Diomedès,
Devant luy on luy amena,
Engrillonné poulces et detz
Comme ung larron ; car il fut des
Escumeurs que voyons courir.
Si fut mys devant le cadès,
Pour estre jugé à mourir.

XVIII.

L'empereur si l'arraisonna :
« Pourquoy es-tu larron de mer ? »
L'autre, responce luy donna :
« Pourquoy larron me faiz nommer ?
« Pour ce qu'on me voit escumer
« En une petiote fuste ?
« Se comme toy me peusse armer,
« Comme toy empereur je fusse.

XIX.

« Mais que veux-tu ! De ma fortune,
« Contre qui ne puis bonnement,
« Qui si durement m'infortune,
« Me vient tout ce gouvernement.
« Excuse-moy aucunement,
« Et sçaches qu'en grand pauvreté
« (Ce mot dit-on communément)
« Ne gist pas trop grand loyaulté. »

XX.

Quand l'empereur eut remiré
De Diomedès tout le dict :
« Ta fortune je te mueray,
« Mauvaise en bonne ! » ce luy dit.
Si fist-il. Onc puis ne mesprit
A personne, mais fut vray homme ;
Valère, pour vray, le rescript,
Qui fut nommé *le grand* à Romme.

XXI.

Se Dieu m'eust donné rencontrer
Ung autre piteux Alexandre,
Qui m'eust faict en bon heur entrer,
Et lors qui m'eust veu condescendre
A mal, estre ars et mys en cendre
Jugé me fusse de ma voix.
Necessité faict gens mesprendre,
Et faim saillir le loup des boys.

XXII.

Je plaings le temps de ma jeunesse,
Ouquel j'ay plus qu'autre gallé,

Jusque à l'entrée de vieillesse,
Qui son partement m'a celé.
Il ne s'en est à pied allé,
N'à cheval; las! et comment donc?
Soudainement s'en est vollé,
Et ne m'a laissé quelque don.

XXIII.

Allé s'en est, et je demeure,
Pauvre de sens et de sçavoir,
Triste, failly, plus noir que meure,
Qui n'ay ne cens, rente, n'avoir;
Des miens le moindre, je dy voir,
De me desadvouer s'avance,
Oublyans naturel devoir,
Par faulte d'ung peu de chevance.

XXIV.

Si ne crains avoir despendu,
Par friander et par leschier;
Par trop aimer n'ay riens vendu,
Que nuls me puissent reprouchier,
Au moins qui leur couste trop cher.
Je le dys, et ne croys mesdire.
De ce ne me puis revencher :
Qui n'a meffait ne le doit dire.

XXV.

Est vérité que j'ay aymé
Et que aymeroye voulentiers;
Mais triste cueur, ventre affamé,
Qui n'est rassasié au tiers,
Me oste des amoureux sentiers.
Au fort, quelqu'un s'en recompense,

Qui est remply sur les chantiers,
Car de la panse vient la danse.

XXVI.

Bien sçay se j'eusse estudié
Ou temps de ma jeunesse folle,
Et à bonnes meurs dedié,
J'eusse maison et couche molle !
Mais quoy ? je fuyoye l'escolle,
Comme faict le mauvays enfant...
En escrivant ceste parolle,
A peu que le cueur ne me fend.

XXVII.

Le dict du Saige est très beaulx dictz,
Favorable, et bien n'en puis mais,
Qui dit : « Esjoys-toy, mon filz,
A ton adolescence ; mais
Ailleurs sers bien d'ung autre mectz,
Car jeunesse et adolescence
(C'est son parler, ne moins ne mais)
Ne sont qu'abbus et ignorance. »

XXVIII.

Mes jours s'en sont allez errant,
Comme, dit Job, d'une touaille
Sont les filetz, quant tisserant
Tient en son poing ardente paille :
Lors, s'il y a nul bout qui saille,
Soudainement il le ravit.
Si ne crains rien qui plus m'assaille,
Car à la mort tout assouvyst.

XXIX.

Où sont les gratieux gallans
Que je suyvoye au temps jadis,
Si bien chantans, si bien parlans,
Si plaisans en faictz et en dictz?
Les aucuns sont mortz et roydiz;
D'eulx n'est-il plus rien maintenant.
Respit ils ayent en paradis,
Et Dieu saulve le remenant!

XXX.

Et les aucuns sont devenuz,
Dieu mercy! grans seigneurs et maistres,
Les autres mendient tous nudz,
Et pain ne voyent qu'aux fenestres;
Les autres sont entrez en cloistres;
De Celestins et de Chartreux,
Bottez, housez, com pescheurs d'oystres:
Voilà l'estat divers d'entre eulx.

XXXI.

Aux grans maistres Dieu doint bien faire,
Vivans en paix et en requoy.
En eulx il n'y a que refaire;
Si s'en fait bon taire tout quoy.
Mais aux pauvres qui n'ont de quoy,
Comme moy, Dieu doint patience;
Aux aultres ne fault qui ne quoy,
Car assez ont pain et pitance.

XXXII.

Bons vins ont, souvent embrochez,
Saulces, brouetz et gros poissons;

Tartres, flans, œufz fritz et pcchez,
Perduz, et en toutes façons.
Pas ne ressemblent les maçons,
Que servir fault à si grand peine;
Ils ne veulent nulz eschançons,
Car de verser chascun se peine.

XXXIII.

En cest incident me suys mys,
Qui de rien ne sert à mon faict.
Je ne suys juge, ne commis,
Pour punyr n'absouldre meffaict.
De tous suys le plus imparfaict.
Loué soit le doulx Jesus-Christ!
Que par moy leur soit satisfaict!
Ce que j'ay escript est escript.

XXXIV.

Laissons le monstier où il est;
Parlons de chose plus plaisante.
Ceste matière à tous ne plaist:
Ennuyeuse est et desplaisante.
Pauvreté, chagrine et dolente,
Tousjours despiteuse et rebelle,
Dit quelque parolle cuysante;
S'elle n'ose, si le pense-elle.

XXXV.

Pauvre je suys de ma jeunesse,
De pauvre et de petite extrace.
Mon pere n'eut oncq grand richesse,
Ne son ayeul, nommé Erace.
Pauvreté tous nous suyt et trace.
Sur les tumbeaulx de mes ancestres,

XXXVI.

De pouvreté me guermentant,
Souventesfoys me dit le cueur :
« Homme, ne te doulouse tant
Et ne demaine tel douleur,
Se tu n'as tant qu'eust Jacques Cueur.
Myeulx vault vivre soubz gros bureaux
Pauvre, qu'avoir esté seigneur
Et pourrir soubz riches tumbeaux! »

XXXVII.

Qu'avoir esté seigneur!... Que dys?
Seigneur, lasse! ne l'est-il mais!
Selon ce que d'aulcun en dict,
Son lieu ne congnoistra jamais.
Quant du surplus, je m'en desmectz,
Il n'appartient à moy, pecheur;
Aux theologiens le remectz,
Car c'est office de prescheur.

XXXVIII.

Si ne suys, bien le considère,
Filz d'ange, portant dyadème
D'etoille ne d'autre sydère.
Mon pere est mort, Dieu en ayt l'ame;
Quant est du corps, il gyst soubz lame...
J'entends que ma mère mourra,
Et le sçait bien, la pauvre femme;
Et le filz pas ne demourra.

XXXIX.

Je congnoys que pauvres et riches,
Sages et folz, prebstres et laiz,
Noble et vilain, larges et chiches,
Petitz et grans, et beaulx et laidz,
Dames à rebrassez colletz,
De quelconque condicion,
Portant attours et bourreletz,
Mort saisit sans exception.

XL.

Et mourut Paris et Helène.
Quiconques meurt, meurt à douleur.
Celluy qui perd vent et alaine,
Son fiel se crève sur son cueur,
Puys sue Dieu sçait quelle sueur!
Et n'est qui de ses maulx l'allège :
Car enfans n'a, frère ne sœur,
Qui lors voulsist estre son pleige.

XLI.

La mort le faict fremir, pallir,
Le nez courber, les veines tendre,
Le col enfler, la chair mollir,
Joinctes et nerfs croistre et estendre.
Corps feminin, qui tant est tendre,
Polly, souef, si precieulx,
Te faudra-il ces maulx attendre?
Ouy, ou tout vif aller ès cieulx.

BALLADE

DES DAMES DU TEMPS JADIS.

Dictes-moy où, n'en quel pays,
Est Flora, la belle Romaine;
Archipiada, ne Thaïs,
Qui fut sa cousine germaine;
Echo, parlant quand bruyt on maine
Dessus rivière ou sus estan,
Qui beauté eut trop plus qu'humaine?
Mais où sont les neiges d'antan!

Où est la très sage Heloïs,
Pour qui fut chastré et puis moyne
Pierre Esbaillart à Sainct-Denys?
Pour son amour eut cest essoyne.
Semblablement, où est la royne
Qui commanda que Buridan
Fust jetté en ung sac en Seine?
Mais où sont les neiges d'antan!

La royne Blanche comme ung lys,
Qui chantoit à voix de sereine;
Berthe au grand pied, Bietris, Allys;
Harembourges, qui tint le Mayne,
Et Jehanne, la bonne Lorraine,
Qu'Anglois bruslèrent à Rouen;
Où sont-ilz, Vierge souveraine?...
Mais où sont les neiges d'antan!

ENVOI.

Prince, n'enquerez de sepmaine
Où elles sont, ne de cest an,
Que ce refrain ne vous remaine :
Mais où sont les neiges d'antan !

BALLADE

DES SEIGNEURS DU TEMPS JADIS

Suyvant le propos precedent.

Qui plus ? Où est le tiers Calixte,
Dernier decedé de ce nom,
Qui quatre ans tint le Papaliste ?
Alphonse, le roy d'Aragon,
Le gracieux duc de Bourbon,
Et Artus, le duc de Bretaigne,
Et Charles septiesme, le Bon ?...
Mais où est le preux Charlemaigne !

Semblablement, le roy Scotiste,
Qui demy-face eut, ce dit-on,
Vermeille comme une amathiste
Depuys le front jusqu'au menton ?
Le roy de Chypre, de renom ;
Helas ! et le bon roy d'Espaigne,
Duquel je ne sçay pas le nom ?...
Mais où est le preux Charlemaigne !

D'en plus parler je me desiste;
Ce n'est que toute abusion.
Il n'est qui contre mort resiste,
Ne qui treuve provision.
Encor fais une question :
Lancelot, le roy de Behaigne,
Où est-il? Où est son tayon?...
Mais où est le preux Charlemaigne!

ENVOI.

Où est Claquin, le bon Breton?
Où le comte Daulphin d'Auvergne,
Et le bon feu duc d'Alençon?...
Mais où est le preux Charlemaigne!

BALLADE

A ce propos, en vieil françois.

Mais où sont ly sainctz apostoles,
D'aulbes vestuz, d'amys coeffez,
Qui sont ceincts de sainctes estoles,
Dont par le col prent ly mauffez,
De maltalent tout eschauffez?
Aussi bien meurt filz que servans;
De ceste vie sont bouffez :
Autant en emporte ly vens.

Voire, où sont de Constantinobles
L'emperier aux poings dorez,
Ou de France ly roy tresnobles,
Sur tous autres roys decorez,

Qui, pour ly grand Dieux adorez,
Bastist eglises et convens?
S'en son temps il fut honorez,
Autant en emporte ly vens.

Où sont de Vienne et de Grenobles
Ly Daulphin, ly preux, ly senez?
Où, de Dijon, Sallins et Dolles,
Ly sires et ly filz aisnez?
Où autant de leurs gens privez,
Heraulx, trompettes, poursuyvans?
Ont-ilz bien bouté soubz le nez?...
Autant en emporte ly vens.

ENVOI.

Princes à mort sont destinez,
Et tous autres qui sont vivans;
S'ils en sont coursez ou tennez,
Autant en emporte ly vens.

XLII.

Puys que papes, roys, filz de roys,
Et conceuz en ventres de roynes,
Sont enseveliz, mortz et froidz,
En aultruy mains passent leurs resnes;
Moy, pauvre mercerot de Renes,
Mourray-je pas? Ouy, se Dieu plaist;
Mais que j'aye faict mes estrenes,
Honneste mort ne me desplaist.

XLIII.

Ce monde n'est perpetuel,
Quoy que pense riche pillart;
Tous sommes soubz coutel mortel.

Ce confort prent pauvre vieillart,
Lequel d'estre plaisant raillart
Eut le bruyt, lorsque jeune estoit,
Qu'on tiendroit à fol et paillart,
Se, vieil, à railler se mettoit.

XLIV.

Or luy convient-il mendier,
Car à ce force le contraint.
Regrette huy sa mort, et hier ;
Tristesse son cueur si estrainct,
Souvent, se n'estoit Dieu qu'il crainct,
Il feroit un horrible faict.
Si advient qu'en ce Dieu enfrainct,
Et que luy-mesmes se deffaict.

XLV.

Car, s'en jeunesse il fut plaisant,
Ores plus rien ne dit qui plaise.
Tousjours vieil synge est desplaisant :
Moue ne faict qui ne desplaise.
S'il se taist, affin qu'il complaise,
Il est tenu pour fol recreu ;
S'il parle, on luy dit qu'il se taise,
Et qu'en son prunier n'a pas creu.

XLVI.

Aussi, ces pauvres femmelettes,
Qui vieilles sont et n'ont de quoy,
Quand voyent jeunes pucellettes
En admenez et en requoy,
Lors demandent à Dieu pourquoy
Si tost nasquirent, n'à quel droit ?
Notre Seigneur s'en taist tout coy,
Car, au tanser, il le perdroit.

LES REGRETS

DE LA BELLE HEAULMIÈRE

Jà parvenue à vieillesse.

Advis m'est que j'oy regretter
La belle qui fut heaulmière,
Soy jeune fille souhaitter
Et parler en ceste manière :
« Ha ! vieillesse felonne et fière,
Pourquoy m'as si tost abatue ?
Qui me tient que je ne me fière,
Et qu'à ce coup je ne me tue ?

« Tollu m'as ma haulte franchise
Que beauté m'avoit ordonné
Sur clercz, marchans et gens d'Eglise :
Car alors n'estoit homme né
Qui tout le sien ne m'eust donné,
Quoy qu'il en fust des repentailles,
Mais que luy eusse abandonné
Ce que reffusent truandailles.

« A maint homme l'ay reffusé,
Qui n'estoit à moy grand saigesse,
Pour l'amour d'ung garson rusé,
Auquel j'en feiz grande largesse.
A qui que je feisse finesse,
Par m'ame, je l'amoye bien !
Or ne me faisoit que rudesse,
Et ne m'amoyt que pour le mien.

« Jà ne me sceut tant detrayner,
Fouller au piedz, que ne l'aymasse,
Et m'eust-il faict les rains trayner,
S'il m'eust dit que je le baisasse
Et que tous mes maux oubliasse ;
Le glouton, de mal entaché,
M'embrassoit...J'en suis bien plus grasse !
Que m'en reste-il ? Honte et peché.

« Or il est mort, passé trente ans,
Et je remains vieille et chenue.
Quand je pense, lasse ! au bon temps,
Quelle fus, quelle devenue ;
Quand me regarde toute nue,
Et je me voy si très-changée,
Pauvre, seiche, maigre, menue,
Je suis presque toute enragée.

« Qu'est devenu ce front poly,
Ces cheveulx blonds, sourcilz voultyz,
Grand entr'œil, le regard joly,
Dont prenoye les plus subtilz ;
Ce beau nez droit, grand ne petiz ;
Ces petites joinctes oreilles,
Menton fourchu, cler vis traictis,
Et ces belles lèvres vermeilles ?

« Ces gentes espaules menues,
Ces bras longs et ces mains tretisses ;
Petitz tetins, hanches charnues,
Eslevées. propres, faictisses
A tenir amoureuses lysses ;
Ces larges reins, ce sadinet,

Assis sur grosses fermes cuysses,
Dedans son joly jardinet?

« Le front ridé, les cheveulx gris,
Les sourcilz cheuz, les yeulx estainctz,
Qui faisoient regars et ris,
Dont maintz marchans furent attaincts;
Nez courbé, de beaulté loingtains;
Oreilles pendans et moussues;
Le vis pally, mort et destaincts;
Menton foncé, lèvres peaussues :

« C'est d'humaine beauté l'yssues!
Les bras courts et les mains contraictes,
Les espaulles toutes bossues;
Mammelles, quoy! toutes retraictes;
Telles les hanches que les tettes.
Du sadinet, fy! Quant des cuysses,
Cuysses ne sont plus, mais cuyssettes
Grivelées comme saulcisses.

« Ainsi le bon temps regretons
Entre nous, pauvres vieilles sottes,
Assises bas, à croppetons,
Tout en ung tas comme pelottes,
A petit feu de chenevottes,
Tost allumées, tost estainctes;
Et jadis fusmes si mignottes!...
Ainsi en prend à maintz et maintes. »

BALLADE DE LA BELLE HEAULMIÈRE

AUX FILLES DE JOIE.

« Or y pensez, belle Gantière,
Qui m'escolière souliez estre,
Et vous, Blanche la Savetière,
Ores est temps de vous congnoistre.
Prenez à dextre et à senestre ;
N'espargnez homme, je vous prie :
Car vieilles n'ont ne cours ne estre,
Ne que monnoye qu'on descrie.

« Et vous, la gente Saulcissière,
Qui de dancer estes adextre ;
Guillemette la Tapissière,
Ne mesprenez vers vostre maistre ;
Tous vous fauldra clorre fenestre,
Quand deviendrez vieille, flestrie ;
Plus ne servirez qu'un vieil prebstre,
Ne que monnoye qu'on descrie.

« Jehanneton la Chaperonnière,
Gardez qu'ennuy ne vous empestre ;
Katherine la Bouchière,
N'envoyez plus les hommes paistre :
Car qui belle n'est, ne perpetre
Leur bonne grace, mais leur rie.
Laide vieillesse amour n'impetre,
Ne que monnoye qu'on descrie.

ENVOI.

« Filles, veuillez vous entremettre
D'escouter pourquoy pleure et crie·

C'est que ne puys remède y mettre,
Ne que monnoye qu'on descrie. »

XLVII.

Ceste leçon icy leur baille
La belle et bonne de jadis;
Bien dit ou mal, vaille que vaille,
Enregistrer j'ay faict ces ditz
Par mon clerc Fremin l'estourdys,
Aussi rassis que je pense estre...
S'il me desment, je le mauldys :
Selon le clerc est deu le maistre.

XLVIII.

Si aperçoy le grand danger
Là où l'homme amoureux se boute...
Hé! qui me vouldroit laidanger
De ce mot, en disant : « Escoute!
Se d'aymer t'estrange et reboute
Le barat de celles nommées,
Tu fais une bien folle doubte,
Car ce sont femmes diffamées.

XLIX.

« S'ils n'ayment fors que pour l'argent,
On ne les ayme que pour l'heure.
Rondement ayment toute gent,
Et rient lors quant bourse pleure.
De celles n'est qui ne recœuvre;
Mais en femmes d'honneur et nom
Franc homme, se Dieu me sequeure,
Se doit employer; ailleurs, non. »

L.

Je prens qu'aucun dye cecy,
Si ne me contente-il en rien.
En effect, je concludz ainsy,
Et sy le cuyde entendre bien,
Qu'on doit aymer en lieu de bien.
Asçavoir-mon se ces fillettes,
Qu'en parolles toute jour tien,
Ne furent pas femmes honnestes?

LI.

Honnestes, si furent vrayement,
Sans avoir reproches ne blasmes.
S'il est vray que, au commencement,
Une chascune de ces femmes
Lors prindrent, ains qu'eussent diffames,
L'une ung clerc, ung lay, l'autre ung moine,
Pour estaindre d'amours les flammes,
Plus chauldes que feu Sainct-Antoine.

LII.

Or firent selon le decret
Leurs amys, et bien y appert;
Elles aymoient en lieu secret,
Car autre qu'eulx n'y avoit part.
Toutesfois, ceste amour se part :
Car celle qui n'en avoit qu'un
D'icelluy s'eslongne et despart,
Et ayme myeulx aymer chascun.

LIII.

Qui les meut à ce? J'imagine,
Sans l'honneur des dames blasmer.

Que c'est nature feminine,
Qui tout vivement veult aymer.
Autre chose n'y sçay rymer;
Fors qu'on dit, à Reims et à Troys,
Voire à l'Isle et à Sainct-Omer,
Que six ouvriers font plus que troys.

LIV.

Or ont les folz amans le bond,
Et les dames prins la vollée;
C'est le droit loyer qu'amours ont;
Toute foy y est violée,
Quelque doulx baiser n'acollée.
De chiens, d'oyseaulx, d'armes, d'amours,
Chascun le dit à la vollée :
« Pour ung plaisir mille doulours. »

DOUBLE BALLADE

SUR LE MÊME PROPOS.

Pour ce, aymez tant que vouldrez,
Suyvez assemblées et festes,
En la fin jà mieulx n'en vauldrez,
Et sy n'y romprez que vos testes :
Folles amours font les gens bestes :
Salmon en idolatrya ;
Samson en perdit ses lunettes...
Bien heureux est qui rien n'y a !

Orpheus, le doux menestrier,
Jouant de flustes et musettes,

En fut en dangier du meurtrier
Bon chien Cerberus à troys testes;
Et Narcissus, le bel honnestes,
En ung profond puys se noya,
Pour l'amour de ses amourettes...
Bien heureux est qui rien n'y a!

Sardana, le preux chevalier,
Qui conquist le regne de Crètes,
En voult devenir moulier
Et filer entre pucellettes.
David ly roy, saige prophètes,
Craincte de Dieu en oublya,
Voyant laver cuisses bien faictes...
Bien heureux est qui rien n'y a!

Ammon en voult deshonnorer,
Feignant de manger tartelettes,
Sa sœur Thamar, et deflorer,
Qui fist choses moult deshonnestes;
Herodes (pas ne sont sornettes)
Sainct Jean-Baptiste en decolla,
Pour dances, saultz et chansonnettes...
Bien heureux est qui rien n'y a!

De moy, pauvre, je veuil parler;
J'en fuz batu, comme à ru telles,
Tout nud, jà ne le quiers celer.
Qui me feit mascher ces groiselles,
Fors Katherine de Vauselles?
Noé le tiers ot, qui fut là.
Mitaines à ces nopces telles,
Bien heureux est qui rien n'y a!

Mais que ce jeune bachelier
Laissast ces jeunes bachelettes,
Non! et, le deust-on vif brusler,
Comme ung chevaucheur d'escovettes.
Plus doulces luy sont que civettes;
Mais toutesfoys fol s'y fia :
Soient blanches, soient brunettes,
Bien heureux est qui rien n'y a!

LV.

　　Si celle que jadis servoye
De si bon cueur et loyaument,
Dont tant de maulx et griefz j'avoye,
Et souffroye tant de torment,
Se dit m'eust, au commencement,
Sa voulenté (mais nenny, las!),
J'eusse mys peine aucunement,
De moy retraire de ses las.

LVI.

　　Quoy que je luy voulsisse dire,
Elle estoit preste d'escouter,
Sans m'accorder ne contredire;
Qui plus, me souffroit arrester,
Joignant elle près s'accouter;
Et ainsi m'alloit amusant,
Et me souffroit tout racompter,
Mais ce n'estoit qu'en m'abusant.

LVII.

　　Abusé m'a, et faict entendre
Tousjours d'ung que ce fust ung aultre;
De farine, que ce fust cendre;

D'ung mortier, ung chapeau de feautre;
De viel machefer, que fust peaultre;
D'ambesas, que ce fussent ternes...
Toujours trompant ou moy ou aultre,
Et vendoit vessies pour lanternes.

LVIII.

Du ciel, une poisle d'arain;
Des nues, une peau de veau;
Du matin, qu'estoit le serain;
D'un trongnon de chou, ung naveau;
D'orde cervoise, vin nouveau;
D'une truie, ung molin à vent;
Et d'une hart, ung escheveau;
D'un gras abbé, ung poursuyvant.

LIX.

Ainsi m'ont amours abusé,
Et pourmené de l'uys au pesle.
Je croy qu'homme n'est si rusé,
Fust fin comme argent de crepelle,
Qui n'y laissast linge et drapelle,
Mais qu'il fust ainsi manyé
Comme moy, qui partout m'appelle :
L'Amant remys et renyé.

LX.

Je renye Amours et despite;
Je deffie à feu et à sang.
Mort par elles me precipite,
Et si ne leur vault pas d'ung blanc.
Ma vielle ay mys soubz le banc;
Amans je ne suyvray jamais;
Se jadis je fuz de leur ranc,
Je declaire que n'en suys mais.

LXI.

Car j'ay mys le plumail au vent :
Or le suyve qui a attente ;
De ce me tays dorenevant.
Poursuyvre je vueil mon entente,
Et, s'aucun m'interroge ou tente
Comment d'amours ose mesdire,
Ceste parolle les contente :
« Qui meurt a ses loix de tout dire. »

LXII.

Je cognoys approcher ma soef ;
Je crache, blanc comme cotton,
Jacobins gros comme ung estœuf :
Qu'est-ce à dire ? que Jehanneton
Plus ne me tient pour valeton,
Mais pour ung vieil usé regnart...
De vieil porte voix et le ton,
Et ne suys qu'ung jeune coquart.

LXIII.

Dieu mercy et Jaques Thibault,
Qui tant d'eau froide m'a faict boyre,
En ung bas lieu, non pas en hault ;
Manger d'angoisse mainte poire ;
Enferré... Quand j'en ay memoire,
Je pry pour luy et *reliqua*,
Que Dieu luy doint... et voire, voire,
Ce que je pense... *et cetera*.

LXIV.

Toutesfoys, je n'y pense mal,
Pour luy et pour son lieutenant ;

Aussy pour son official,
Qui est plaisant et advenant,
Que faire n'ay du remenant;
Mais du petit maistre Robert?...
Je les ayme, tout d'ung tenant,
Ainsi que faict Dieu le Lombart.

LXV.

Si me souvient, à mon advis,
Que je feis, à mon partement,
Certains lays, l'an cinquante six,
Qu'aucuns, sans mon consentement,
Voulurent nommer *Testament*;
Leur plaisir fut, et non le mien :
Mais quoy ! on dit communement,
Qu'un chascun n'est maistre du sien.

LXVI.

S'ainsi estoit qu'aulcun n'eust pas
Receu les lays que je luy mande,
J'ordonne que, après mon trespas,
A mes hoirs en face demande;
Qui sont-ilz? si on le demande :
Moreau, Provins, Robin Turgis;
De moy, par dictez que leur mande,
Ont eu jusqu'au lict où je gys.

LXVII.

Pour le revoquer ne le dy,
Et y courust toute ma terre;
De pitié en suys refroidy,
Envers le bastard de la Barre :
Parmy ses trois gluyons de foerre,
Je luy donne mes vieilles nattes;

Bonnes seront pour tenir serre,
Et soy soustenir sur ses pattes.

LXVIII.

Somme, plus ne diray qu'ung mot,
Car commencer veuil à tester :
Devant mon clerc Fremin, qui m'ot
(S'il ne dort), je vueil protester,
Que n'entends homme detester,
En ceste presente ordonnance;
Et ne la vueil manifester
Sinon au royaulme de France.

LXIX.

Je sens mon cueur qui s'affoiblist,
Et plus je ne puys papier.
Fremin, siez-toy près de mon lict,
Que l'on ne me viengne espier !
Prens tost encre, plume et papier,
Ce que nomme escryz vistement;
Puys fais-le partout copier,
Et vecy le commancement.

Ici commance Villon à tester.

LXX.

Au nom de Dieu, Père eternel,
Et du Filz que Vierge parit,
Dieu au Père coeternel,
Ensemble et du Sainct Esperit,
Qui saulva ce qu'Adam perit,
Et du pery pare les Cieulx...

Qui bien ce croyt, peu ne merit :
De gens mortz se font petiz Dieux.

LXXI.

Mortz estoient, et corps et ames,
En damnée perdition ;
Corps pourriz, et ames en flammes,
De quelconque condition ;
Toutesfoys, fais exception
Des patriarches et prophètes ;
Car, selon ma conception,
Oncques grand chault n'eurent aux fesses.

LXXII.

Qui me diroit : « Qui te faict mectre
Si très-avant ceste parolle,
Qui n'es en Theologie maistre ?
A toy est presumption folle. »
— C'est de Jesus la parabolle,
Touchant le Riche ensevely
En feu, non pas en couche molle,
Et du Ladre de dessus ly.

LXXIII.

Si du Ladre eust veu le doy ardre,
Ja n'en eust requis refrigère,
N'au bout d'icelluy doiz aherdre,
Pour refreschir sa maschouëre.
Pions y feront mate chère,
Qui boyvent pourpoinct et chemis ;
Puys que boyture y est si chère,
Dieu nous garde de la main mise !

LXXIV.

Ou nom de Dieu, comme j'ay dit,
Et de sa glorieuse Mère,
Sans peché soit parfaict ce dict
Par moy, plus maigre que chimère;
Si je n'ay eu fièvre effimère,
Ce m'a faict divine clemence;
Mais d'autre dueil et perte amère
Je me tays, et ainsi commence :

LXXV.

Premier, je donne ma pauvre ame
A la benoiste Trinité,
Et la commande à Nostre Dame,
Chambre de la divinité;
Priant toute la charité
Des dignes neuf Ordres des cieulx,
Que par eulx soit ce don porté
Devant le Trosne precieux.

LXXVI.

Item, mon corps j'ordonne et laisse
A nostre grand mère la terre;
Les vers n'y trouveront grand gresse :
Trop lui a faict faim dure guerre.
Or luy soit delivré grand erre :
De terre vint, en terre tourne.
Toute chose, se par trop n'erre,
Voulontiers en son lieu retourne.

LXXVII.

Item, et à mon plus que père,
Maistre Guillaume de Villon.

Qui m'a esté plus doulx que mère
D'enfant eslevé de maillon;
Dejetté m'a de maint boillon,
Et de cestuy pas ne s'esjoye,
Si luy requiers à genoillon,
Qu'il m'en laisse toute la joye.

LXXVIII.

Je luy donne ma librairie,
Et le *Rommant du Pet au Diable*,
Lequel maistre Gui Tabarie
Grossoya, qu'est hom veritable.
Par cayers est soubz une table.
Combien qu'il soit rudement faict,
La matiere est si très notable,
Qu'elle amende tout le meffaict.

LXXIX.

Item, donne à ma bonne mère
Pour saluer nostre Maistresse,
Qui pour moy eut douleur amère,
Dieu le sçait, et mainte tristesse;
Autre chastel ou fosteresse
N'ay où retraire corps et ame,
Quand sur moy court male destresse,
Ne ma mère, la povre femme!

BALLADE

QUE VILLON FEIT A LA REQUESTE DE SA MÈRE,

POUR PRIER NOSTRE-DAME.

   Dame du ciel, regente terrienne,
Emperière des infernaulx palux,
Recevez-moy, vostre humble chrestienne,
Que comprinse soye entre voz esleuz,
Ce non obstant qu'oncques rien ne valuz.
Les biens de vous, ma dame et ma maistresse,
Sont trop plus grans que ne suis pecheresse,
Sans lesquelz biens ame ne peult merir
N'avoir les cieulx, je n'en suis jengleresse.
En ceste foy je vueil vivre et mourir.

   A vostre Filz dictes que je suis sienne;
Que de luy soyent mes pechez aboluz :
Pardonnés moi comme à l'Egyptienne,
Ou comme il feit au clerc Theophilus,
Lequel par vous fut quitte et absoluz,
Combien qu'il eust au diable faict promesse.
Preservez-moy, que je ne face cesse;
Vierge, pourtant, me vouilliés impartir
Le sacrement qu'on celebre à la messe.
En ceste foy je vueil vivre et mourir.

   Femme je suis povrette et ancienne,
Ne riens ne sçay; oncques lettre ne leuz;
Au monstier voy dont suis parroissienne
Paradis painct, où sont harpes et luz,

Et ung enfer où damnez sont boulluz :
L'ung me faict paour, l'autre joye et liesse.
La joye avoir fais-moy, haulte Deesse,
A qui pecheurs doivent tous recourir,
Comblez de foy, sans faincte ne paresse.
En ceste foy je vueil vivre et mourir.

ENVOI.

Vous portastes, Vierge, digne princesse,
Jesus regnant, qui n'a ne fin ne cesse.
Le Tout-Puissant, prenant nostre foiblesse,
Laissa les cieulx et nous vint secourir;
Offrist à mort sa très clère jeunesse ;
Nostre Seigneur tel est, tel le confesse.
En ceste foy je vueil vivre et mourir.

LXXX.

Item, m'amour, ma chère Rose,
Ne luy laisse ne cueur ne foye :
Elle aymeroit mieulx autre chose,
Combien qu'elle ait assez monnoye :
Quoy? une grand bourse de soye,
Pleine d'escuz, profonde et large :
Mais pendu soit-il, que je soye,
Qui luy lairra escu ne targe.

LXXXI.

Car elle en a, sans moy, assez.
Mais de cela il ne m'en chault ;
Mes grans deduictz en sont passez ;
Plus n'en ay le cropion chauld.

Si m'en desmetz aux hoirs Michault,
Qui fut nommé le bon fouterre.
Priez pour luy, faictes ung sault :
A Saint-Satur gist, soubz Sancerre.

LXXXII.

Ce non obstant, pour m'acquitter
Envers Amours, plus qu'envers elle,
Car oncques n'y peuz acquester
D'amours une seule estincelle ;
Ne sçay s'à tous est si rebelle
Qu'à moy : ce ne m'est grand esmoy ;
Mais, par saincte Marie la belle !
Je n'y voy que rire pour moy.

LXXXIII.

Ceste Ballade luy envoye,
Qui se termine toute en R.
Qui la portera ? que j'y voye :
Ce sera Pernet de la Barre,
Pourveu, s'il rencontre en son erre
Ma damoyselle au nez tortu,
Il luy dira, sans plus enquerre :
« Orde paillarde, d'où viens-tu ? »

BALLADE

DE VILLON A S'AMYE.

Faulse beaulté, qui tant me couste cher,
Rude en effect, hypocrite doulceur ;

Amour dure, plus que fer, à mascher;
Nommer que puis de ma deffaçon sœur,
Cherme felon, la mort d'ung povre cueur,
Orgueil mussé, qui gens met au mourir;
Yeulx sans pitié! ne veult droicte rigueur,
Sans empirer, ung pauvre secourir?

   Mieulx m'eust valu avoir esté crier
Ailleurs secours, c'eust esté mon bonheur:
Rien ne m'eust sceu hors de ce fait chasser;
Trotter m'en fault en fuyte à deshonneur.
Haro, haro, le grand et le mineur!
Et qu'est cecy? mourray, sans coup ferir,
Ou pitié veult, selon ceste teneur,
Sans empirer, ung povre secourir.

   Ung temps viendra, qui fera desseicher,
Jaulnir, flestrir, vostre espanie fleur :
Je m'en risse, se tant peusse marcher,
Mais nenny : lors (ce seroit donc foleur)
Vieil je seray; vous, laide, et sans couleur.
Or, beuvez fort, tant que ru peult courir.
Ne donnez pas à tous ceste douleur,
Sans empirer, ung povre secourir.

ENVOI.

   Prince amoureux, des amans le greigneur,
Vostre mal gré ne vouldroye encourir;
Mais tout franc cueur doit, par Nostre Seigneur,
Sans empirer, ung povre secourir.

LXXXIV.

Item, à maistre Ythier, marchant,
Auquel mon branc laissay jadis,
Donne (mais qu'il le mette en chant),
Ce lay, contenant des vers dix;
Et aussi ung *De profundis*
Pour ses anciennes amours,
Desquelles le nom je ne dis,
Car il me herroit à tousjours.

LAY OU PLUSTOST RONDEAU.

Mort, j'appelle de ta rigueur,
Qui m'as ma maistresse ravie,
Et n'es pas encore assouvie,
Se tu ne me tiens en langueur.
Onc puis n'euz force ne vigueur;
Mais que te nuysoit-elle en vie,
      Mort?

Deux estions, et n'avions qu'ung cueur;
S'il est mort, force est que devie,
Voire, ou que je vive sans vie,
Comme les images, par cueur,
      Mort!

LXXXV.

Item, à maistre Jehan Cornu,
Autres nouveaux lays luy vueil faire,

Car il m'a tousjours secouru
A mon grand besoing et affaire :
Pour ce, le jardin luy transfère,
Que maistre Pierre Bourguignon
Me renta, en faisant refaire
L'huys, et redrecier le pignon.

LXXXVI.

Par faulte d'ung huys, j'y perdis
Ung grez, et ung manche de hoüe.
Alors, huyt faulcons, non pas dix,
N'y eussent pas prins une alloüe.
L'hostel est seur, mais qu'on le cloüe.
Pour enseigne y mis ung havet ;
Qui que l'ait prins, point ne l'en loüe :
Sanglante nuict et bas chevet !

LXXXVII.

Item, et pource que la femme
De maistre Pierre Sainct Amant
(Combien, si coulpe y a ou blasme,
Dieu luy pardonne doulcement !)
Me meist en reng de caymant,
Pour le Cheval Blanc qui ne bouge,
Luy changeay à une jument,
Et la Mulle à ung Asne rouge.

LXXXVIII.

Item, donne à sire Denys
Hesselin, Esleu de Paris,
Quatorze muys de vin d'Aulnis,
Prins chez Turgis, à mes perilz.
S'il en beuvoit tant que periz
En fust son sens et sa raison,

Qu'on mette de l'eau ès barrilz :
Vin perd mainte bonne maison.

LXXXIX.

Item, donne à mon advocat,
Maistre Guillaume Charruau,
Quoy qu'il marchande ou ait estat,
Mon branc... Je me tays du fourreau.
Il aura, avec ce, ung réau
En change, affin que sa bourse enfle,
Prins sur la chaussée et carreau
De la grand closture du Temple.

XC.

Item, mon procureur Fournier
Aura, pour toutes ses corvées
(Simple seroit de l'espargner)
En ma bourse quatre havées,
Car maintes causes m'a saulvées,
Justes, ainsi, Jesus-Christ m'ayde !
Comme elles ont esté trouvées ;
Mais bon droit a bon mestier d'ayde.

XCI.

Item, je donne à maistre Jaques
Raguyer le grant godet de Grève,
Pourveu qu'il payera quatre plaques,
Deust-il vendre, quoy qu'il luy griefve,
Ce dont on ceuvre mol et grève ;
Aller sans chausses et chappin,
Tous les matins, quand il se liève,
Au trou de la Pomme de pin.

XCII.

Item, quant est de Mairebeuf,
Et de Nicolas de Louviers,
Vache ne leur donne ne beuf,
Car vachers ne sont, ne bouviers,
Mais gens à porter esperviers,
Ne cuidez pas que je vous joüe,
Pour prendre perdriz et plouviers,
Sans faillir, sur la Maschecroüe.

XCIII.

Item, vienne Robert Turgis
A moy, je luy payeray son vin,
Combien, s'il trouve mon logis,
Plus fort sera que le devin.
Le droit luy donne d'eschevin,
Que j'ay comme enfant de Paris...
Se je parle ung peu poictevin,
Ilce m'ont deux dames appris.

XCIV.

Filles sont très belles et gentes,
Demourantes à Sainct-Genou,
Près Sainct-Julian des Voventes,
Marches de Bretaigne ou Poictou,
Mais je ne dy proprement où,
Or y pensez trestous les jours,
Car je ne suis mie si fou...
Je pense celer mes amours.

XCV.

Item, à Jehan Raguyer je donne,
Qui est sergent, voir des Douze,

Tant qu'il vivra, ainsi l'ordonne,
Tous les jours une talemouze,
Pour brouter et fourrer sa mouse,
Prinse à la table de Bailly ;
A Maubuay sa gorge arrouse,
Car à manger n'a pas failly.

XCVI.

Item, donne au prince des Sotz
Pour ung bon sot Michault du Four,
Qui à la fois dit de bons motz
Et chante bien : *Ma doulce amour !*
Avec ce, il aura le bonjour.
Brief, mais qu'il fust ung peu en poinct,
Il est ung droit sot de séjour,
Et est plaisant où il n'est point.

XCVII.

Item, aux unze vingtz Sergens
Donne, car leur faict est honneste,
Et sont bonnes et doulces gens,
Denis Richier, et Jehan Vallette,
A chascun une grand cornette,
Pour pendre à leurs chappeaulx de feautre
J'entendz à ceulx de pied, hohecte !
Car je n'ay que faire des autres.

XCVIII.

De rechef, donne à Périnet,
J'entendz le bastard de la Barre,
Pour ce qu'il est beau fils et net,
En son escu, en lieu de barre,
Trois detz plombez, de bonne carre,
Ou ung beau joly jeu de cartes...

Mais quoy ! s'on l'oyt vessir ne poirre,
En oultre aura les fièvres quartes.

XCIX.

Item, ne vueil plus que Chollet
Dolle, trenche, douve ne boyse,
Relye brocq ne tonnelet,
Mais tous ses outilz changer voyse
A une espée lyonnoise,
Et retienne le hutinet :
Combien qu'il n'ayme bruyt ne noyse,
Si luy plaist-il ung tantinet.

C.

Item, je donne à Jéhan le Lou,
Homme de bien et bon marchant,
Pour ce qu'il est linget et flou,
Et que Chollet est mal chassant,
Par les rues plustost qu'au champ,
Qui ne lairra poulaille en voye,
Le long tabart, et bien cachant,
Pour les musser, qu'on ne les voye.

CI.

Item, à l'orfèvre Du Boys,
Donne cent clouz, queues et testes,
De gingembre sarazinoys,
Non pas pour accoupler ses boytes,
Mais pour conjoindre culz et coettes,
Et couldre jambons et andoilles,
Tant que le laict en monte aux tettes,
Et le sang en devalle aux coilles.

CII.

Au cappitaine Jehan Riou,
Tant pour luy que pour ses archiers,
Je donne six livres de lou,
Qui n'est pas viande à porchiers,
Prins à gros mastins de bouchiers,
Et cuittes de vin de buffet.
Pour manger de ces morceaulx chiers,
On en feroit bien un mau faict.

CIII.

C'est viande ung peu plus pesante,
Que duvet, ne plume, ne liège.
Elle est bonne à porter en tente,
Ou pour user en quelque siège.
Et, s'ilz estoient prins en un piège,
Les mastins, qu'ils ne sceussent courre,
J'ordonne, moy qui suis bon miège,
Que des peaulx, sur l'hyver, se fourre.

CIV.

Item, à Robin Troussecaille,
Qui s'est en service bien faict;
A pied ne va comme une caille,
Mais sur roussin gros et reffaict :
Je luy donne, de mon buffet,
Une jatte qu'emprunter n'ose;
Si aura mesnage parfait :
Plus ne luy failloit autre chose.

CV.

Item, donne à Perrot Girard,
Barbier juré du Bourg-la-Royne,

Deux bassins et ung coquemard,
Puis qu'à gaigner mect telle peine.
Des ans y a demy douzaine,
Qu'en son hostel, de cochons gras
M'apastela une sepmaine;
Tesmoing l'abesse de Pourras.

CVI.

Item, aux Frères mendians,
Aux Devotes et aux Beguines,
Tant de Paris que d'Orléans,
Tant Turlupins que Turlupines,
De grasses souppes jacobines
Et flans leurs fais oblation;
Et puis après, soubz les courtines,
Parler de contemplation.

CVII.

Si ne suis-je pas qui leur donne,
Mais du tout en sont-ce les mères,
Et Dieu, qui ainsi les guerdonne,
Pour qui souffrent peines amères.
Il fault qu'ilz vivent, les beaulx pères,
Et mesmement ceulx de Paris.
S'ilz font plaisir à noz commères,
Ilz ayment ainsi les maris.

CVIII.

Quoy que maistre Jehan de Pontlieu
En voulsist dire, *et reliqua*,
Contrainct et en publique lieu,
Voulsist ou non, s'en revocqua.
Maistre Jehan de Mehun se moqua
De leur façon; si feit Mathieu.

Mais on doit honorer ce qu'a
Honnoré l'Eglise de Dieu.

CIX.

Si me submectz, leur serviteur,
En tout ce que puis faire et dire,
A les honorer de bon cueur,
Et servir, sans y contredire.
L'homme bien fol est d'en mesdire,
Car, soit à part, ou en prescher,
Ou ailleurs, il ne fault pas dire
Si gens sont pour eux revencher.

CX.

Item, je donne à frère Baulde,
Demourant à l'hostel des Carmes,
Portant chère hardie et baulde,
Une sallade et deux guysarmes,
Que De Tusca et ses gens d'armes
Ne luy riblent sa Caige-vert.
Vieil est : s'il ne se rend aux armes,
C'est bien le diable de Vauvert.

CXI.

Item, pour ce que le Scelleur,
Maint estront de mousche à masché,
Donne, car homme est de valleur,
Son sceau davantage craché,
Et qu'il ait le pouce escaché,
Pour tout comprendre à une voye ;
J'entendz celluy de l'Evesché,
Car les autres, Dieu les pourvoye.

CXII.

Quant de messieurs les Auditeux,
Leur chambre auront lembroysée ;
Et ceulx qui ont les culz rongneux,
Chascun une chaise persée,
Mais qu'à la petite Macée
D'Orléans, qui eut ma ceincture,
L'amende soit bien hault taxée :
Elle est une mauvaise ordure.

CXIII.

Item, donne à maistre Françoys,
Promoteur de la vacquerie,
Ung hault gorgerin d'Escossoys,
Toutesfois sans orfaverie ;
Car, quant receut chevalerie,
Il maugrea Dieu et saint George.
Parler n'en oyt qu'il ne s'en rie,
Comme enragé, à pleine gorge.

CXIV.

Item, à maistre Jehan Laurens,
Qui a les povres yeulx si rouges,
Par le peché de ses parens,
Qui beurent en barilz et courges,
Je donne l'envers de mes bouges,
Pour chascun matin les torcher...
S'il fust archevesque de Bourges,
Du cendal eust, mais il est cher.

CXV.

Item, à maistre Jehan Cotard,
Mon procureur en Court d'Eglise,

Devoye environ ung patard,
Car à present bien m'en advise,
Quant chicanner me feit Denise,
Disant que l'avoye mauldite;
Pour son ame, qu'ès cieulx soit mise !
Ceste Oraison j'ay cy escripte.

BALLADE ET ORAISON.

   Père Noé, qui plantastes la vigne;
Vous aussi, Loth, qui bustes au rocher,
Par tel party qu'Amour, qui gens engigne,
De vos filles si vous feit approcher,
Pas ne le dy pour le vous reprocher,
Architriclin, qui bien sceustes cest art,
Tous trois vous pry qu'o vous veuillez percher
L'ame du bon feu maistre Jehan Cotard !

   Jadis extraict il fut de vostre ligne,
Luy qui beuvoit du meilleur et plus cher;
Et ne deust-il avoir vaillant ung pigne,
Certes, sur tous, c'estoit un bon archer;
On ne luy sceut pot des mains arracher,
Car de bien boire oncques ne fut faitard.
Nobles seigneurs, ne souffrez empescher
L'ame du bon feu maistre Jehan Cotard !

   Comme un viellart qui chancelle et trepign
L'ay veu souvent, quand il s'alloit coucher;
Et une foys il se feit une bigne,
Bien m'en souvient, à l'estal d'ung boucher.

Brief, on n'eust sçeu en ce monde chercher
Meilleur pion, pour boire tost et tard.
Faictes entrer quand vous orrez hucher
L'ame du bon feu maistre Jehan Cotard.

ENVOI.

Prince, il n'eust sçeu jusqu'à terre cracher ;
Tousjours crioyt : Haro, la gorge m'ard !
Et si ne sceut oncq sa soif estancher,
L'ame du bon feu maistre Jehan Cotard.

CXVI.

Item, vueil que le jeune Merle
Desormais gouverne mon change,
Car de changer envys me mesle,
Pourveu que tousjours baille en change,
Soit à privé, soit à estrange,
Pour trois escus, six brettes targes ;
Pour deux angelotz, ung grand ange :
Car amans doivent estre larges.

CXVII.

Item, j'ay sceu, à ce voyage,
Que mes trois povres orphelins
Sont creus et deviennent en aage,
Et n'ont pas testes de belins,
Et qu'enfans d'icy à Salins
N'a mieulx saichans leur tour d'escolle ;
Or, par l'ordre des Mathelins,
Telle jeunesse n'est pas folle.

CXVIII.

Si vueil qu'ilz voysent à l'estude;
Où? chez maistre Pierre Richer.
Le *Donnait* est pour eulx trop rude :
Jà ne les y vueil empescher.
Ilz sçauront, je l'ayme plus cher :
Ave salus, tibi decus,
Sans plus grandes lettres chercher :
Tousjours n'ont pas clercs le dessus.

CXIX.

Cecy estudient, et puis ho!
Plus procéder je leur deffens.
Quant d'entendre le grand *Credo,*
Trop fort il est pour telz enfans.
Mon grant tabard en deux je fendz :
Si vueil que la moictié s'en vende,
Pour eulx en achepter des flans,
Car jeunesse est ung peu friande.

CXX.

Et veuil qu'ilz soyent informez
En meurs, quoy que couste bature;
Chapperons auront enfermez,
Et les poulces soubz la ceincture;
Humbles à toute créature;
Disans : *Hen? Quoy? Il n'en est rien!*
Si diront gens, par adventure :
« Voycy enfans de lieu de bien! »

CXXI.

Item, à mes pouvres clergeons,
Auxquelz mes titres je resigne,

Beaulx enfans et droictz comme joncs,
Les voyans, je m'en dessaisine,
Et, sans recevoir, leur assigne,
Seur comme qui l'auroit en paulme,
A ung certain jour que l'on signe,
Sur l'hostel de Guesdry Guillaume.

CXXII.

Quoy que jeunes et esbatans
Soyent, en rien ne me desplaist;
Dedans vingt, trente ou quarante ans
Bien autres seront, se Dieu plaist.
Il faict mal qui ne leur complaist,
Car ce sont beaux enfans et gents;
Et qui les bat ne fiert, fol est,
Car enfans si deviennent gens.

CXXIII.

Les bourses des Dix-et-huict clers
Auront; je m'y vueil travailler :
Pas ilz ne dorment comme lerz,
Qui trois mois sont sans resveiller.
Au fort, triste est le sommeiller
Qui faict aise jeune en jeunesse,
Tant qu'enfin luy faille veiller,
Quant reposer deust en vieillesse.

CXXIV.

Cy en escris au collateur
Lettres semblables et pareilles :
Or prient pour leur bienfaicteur,
Ou qu'on leur tire les oreilles.
Aucunes gens ont grand merveilles,
Que tant m'encline envers ces deux;

Mais, foy que doy, festes et veilles,
Oncques ne vey les mères d'eulx!

CXXV.

Item, et à Michault Culdou,
Et à sire Charlot Taranne,
Cent solz : s'ilz demandent prins où?
Ne leur chaille; ils viendront de manne;
Et unes houses de basanne,
Autant empeigne que semelle;
Pourveu qu'ils me saulveront Jehanne,
Et autant une autre comme elle.

CXXVI.

Item, au seigneur de Grigny,
Auquel jadis laissay Vicestre,
Je donne la tour de Billy,
Pourveu, se huys y a ne fenestre
Qui soit ne debout ne en estre,
Qu'il mette très bien tout appoinct :
Face argent à dextre, à senestre :
Il m'en fault, et il n'en a point.

CXXVII.

Item, à Thibault de la Garde :
Thibault? je mentz, il a nom Jehan;
Que luy donray-je, que ne perde?
Assez ay perdu tout cest an.
Dieu le vueille pourvoir, *amen*...!
Le barillet? par m'ame, voyre!
Genevoys est le plus ancien,
Et plus beau nez a pour y boyre.

CXXVIII.

Item, je donne à Basanyer,
Notaire et greffier criminel,
De giroffle plain ung panyer,
Prins chez maistre Jehan de Ruel.
Tant à Mautainct ; tant à Rosnel ;
Et, avec ce don de giroffle,
Servir, de cueur gent et ysnel,
Le seigneur qui sert sainct Cristofle,

CXXIX.

Auquel ceste Ballade donne,
Pour sa dame, qui tous biens a.
S'Amour ainsi tous ne guerdonne,
Je ne m'esbahys de cela ;
Car au Pas conquesté celle a
Que tint René, roy de Cecille,
Où si bien fist et peu parla
Qu'oncques Hector feit, ne Troïle.

BALLADE

Que Villon donna à un gentilhomme, nouvellement marié, pour
l'envoyer à son espouse, par luy conquise à l'espée.

Au poinct du jour, que l'esprevier se bat,
Meu de plaisir et par noble coustume,
Bruyt il demaine et de joye s'esbat,
Reçoit son per et se joint à la plume :
Ainsi vous vueil, à ce desir m'allume.

Joyeusement ce qu'aux amans bon semble.
Sachez qu'Amour l'escript en son volume,
Et c'est la fin pourquoy sommes ensemble.

Dame serez de mon cueur, sans debat,
Entierement, jusques mort me consume.
Laurier soüef qui pour mon droit combat,
Olivier franc, m'ostant toute amertume.
Raison ne veult que je desaccoustume,
Et en ce vueil avec elle m'assemble,
De vous servir, mais que m'y accoustume;
Et c'est la fin pourquoy sommes ensemble.

Et qui plus est, quand dueil sur moy s'embat,
Par fortune qui sur moy si se fume,
Vostre doulx œil sa malice rabat,
Ne plus ne moins que le vent faict la fume.
Si ne perds pas la graine que je sume
En vostre champ, car le fruict me ressemble:
Dieu m'ordonne que le fouysse et fume;
Et c'est la fin pourquoy sommes ensemble.

ENVOI.

Princesse, oyez ce que cy vous resume:
Que le mien cueur du vostre desassemble
Jà ne sera : tant de vous en presume;
Et c'est la fin pourquoy sommes ensemble.

CXXX.

Item, à sire Jehan Perdryer,
Riens, n'à Françoys, son second frère.

Si m'ont-ilz voulu aydier,
Et de leurs biens faire confrère;
Combien que Françoys, mon compère,
Contre langues flambans et rouges,
Sans commandement, sans prière,
Me recommanda fort à Bourges.

CXXXI.

Si aille veoir en Taillevent,
Ou chapitre de fricassure,
Tout au long, derrière et devant,
Lequel n'en parle jus ne sure;
Mais à Macquaire vous asseure,
A tout le poil cuysant ung dyable,
Affin que sentist bon l'arsure,
Ce *Recipe* m'escript, sans fable.

BALLADE.

En reagal, en arsenic rocher,
En orpigment, en salpestre et chaulx vive;
En plomb boillant, pour mieulx les esmorcher;
En suif et poix, destrampez de lessive
Faicte d'estronts et de pissat de Juifve;
En lavaille de jambes à meseaulx;
En raclure de piedz et vieulx houseaulx;
En sang d'aspic et drogues venimeuses;
En fiel de loups, de regnards et blereaux,
Soient frittes ces langues envieuses!

En cervelle de chat qui hayt pescher,
Noir, et si vieil qu'il n'ait dent en gencive;

D'ung vieil mastin, qui vault bien aussi cher
Tout enragé, en sa bave et salive;
En l'escume d'une mulle poussive,
Detrenchée menu à bons ciseaulx;
En eau où ratz plongent groings et museaulx,
Raines, crapauds, telz bestes dangereuses,
Serpens, lezards, et telz nobles oyseaulx,
Soient frittes ces langues envieuses !

En sublimé, dangereux à toucher;
Et au nombril d'une couleuvre vive;
En sang qu'on mect en poylettes secher,
Chez ces barbiers, quand plaine lune arrive,
Dont l'ung est noir, l'autre plus vert que cive,
En chancre et fix, et en ces ords cuveaulx
Où nourrices essangent leurs drappeaulx;
En petits baings de filles amoureuses
Qui n'entendent qu'à suivre les bordeaulx,
Soient frittes ces langues envieuses !

ENVOI.

Prince, passez tous ces friands morceaux,
S'estamine n'avez, sacs ou bluteaux,
Parmy le fons d'unes brayes breneuses;
Mais, paravant, en estronts de pourceaulx
Soient frittes ces langues envieuses !

CXXXII.

Item, à maistre Jehan Courault,
Les Contredictz Franc-Gontier mande :

Quant du Tyrant seant en hault,
A cestuy-là rien ne demande;
Le saige ne veult que contende,
Contre puissant, pouvre homme las,
Affin que ses filez ne tende,
Et que ne tresbuche en ses laqs.

CXXXIII.

Gontier ne crains : il n'a nulz hommes
Et mieulx que moy n'est herité;
Mais en ce debat cy nous sommes,
Car il loue sa pouvreté :
Estre pouvre, yver et esté,
A felicité il repute,
Ce que tiens à malheureté.
Lequel à tort ? Or en dispute.

BALLADE

Intitulée : *Les Contredictz de Franc-Gontier*

Sur mol duvet assis, ung gras chanoine,
Lez ung brasier, en chambre bien nattée,
A son costé gisant dame Sydoine,
Blanche, tendre, pollie et attaintée :
Boire ypocras, à jour et à nuyctée,
Rire, jouer, mignonner et baiser,
Et nud à nud, pour mieulx des corps s'ayser,
Les vy tous deux, par un trou de mortaise :
Lors je congneuz que, pour dueil appaiser,
Il n'est tresor que de vivre à son aise.

Se Franc-Gontier et sa compaigne Heleine
Eussent tousjours tel douce vie hantée,
D'oignons, civetz, qui causent forte alaine,
N'en comptassent une bise tostée.
Tout leur mathon, ne toute leur potée,
Ne prise ung ail, je le dy sans noysier.
S'ilz se vantent coucher soubz le rosier,
Ne vault pas mieulx lict costoyé de chaise?
Qu'en dictes-vous? Faut-il à ce muser?
Il n'est tresor que de vivre à son aise.

De gros pain bis vivent, d'orge, d'avoine,
Et boivent eau, tout au long de l'année.
Tous les oyseaulx d'icy en Babyloine
A tel escot une seule journée
Ne me tiendroient, non une matinée.
Or s'esbate, de par Dieu, Franc-Gontier,
Helène o luy, soubz le bel esglantier;
Si bien leur est, n'ay cause qu'il me poise;
Mais, quoy qu'il soit du laboureux mestier,
Il n'est tresor que de vivre à son aise.

ENVOI.

Prince, jugez, pour tous nous accorder.
Quant est à moy, mais qu'à nul n'en desplaise,
Petit enfant, j'ay ouy recorder
Qu'il n'est tresor que de vivre à son aise.

CXXXIV.

Item, pour ce que sçait la Bible,
Mademoyselle de Bruyères,

Donne prescher, hors l'Evangile,
A elle et à ses bachelieres,
Pour retraire ces villotières
Qui ont le bec si affilé,
Mais que ce soit hors cymetières,
Trop bien au marché au filé.

BALLADE

DES FEMMES DE PARIS.

Quoy qu'on tient belles langagières
Florentines, Veniciennes,
Assez pour estre messaigières,
Et mesmement les anciennes ;
Mais, soient Lombardes, Rommaines,
Genevoises, à mes perilz,
Piemontoises, Savoysiennes,
Il n'est bon bec que de Paris.

De très beau parler tiennent chaires,
Ce dit-on, les Napolitaines,
Et que sont bonnes cacquetoeres
Allemanses et Bruciennes ;
Soient Grecques, Egyptiennes,
De Hongrie ou d'autre pays,
Espaignolles ou Castellannes,
Il n'est bon bec que de Paris.

Brettes, Suysses, n'y sçavent guères,
Ne Gasconnes et Tholouzaines ;

Du Petit-Pont deux harangères
Les concluront, et les Lorraines,
Anglesches ou Callaisiennes,
(Ay je beaucoup de lieux compris?)
Picardes, de Valenciennes;
Il n'est bon bec que de Paris.

ENVOI.

Prince, aux dames parisiennes
De bien parler donnez le prix;
Quoy qu'on die d'Italiennes,
Il n'est bon bec que de Paris.

CXXXV.

Regarde-m'en deux, trois, assises
Sur le bas du ply de leurs robes,
En ces monstiers, en ces eglises;
Tire t'en près, et ne t'en hobes;
Tu trouveras là que Macrobes
Oncques ne fist tels jugemens;
Entens : quelque chose en desrobes;
Ce sont tous beaulx enseignemens.

CXXXVI.

Item, et au mont de Montmartre,
Qui est ung lieu moult ancien,
Je lui donne et adjoincts le tertre
Qu'on dit de mont Valerien;
Et, oultre plus, d'ung quartier d'an
Du pardon qu'apportay de Romme :
Sy yra maint bon paroissien,
En l'abbaye où il n'entre homme.

François Villon.

CXXXVII.

Item, valetz et chambrières
De bons hostelz (rien ne me nuyst),
Faisans tartes, flans et goyères,
Et grant rallias à minuict :
Riens n'y font sept pintes ne huict,
Tant que gisent Seigneur et dame ;
Puis après, sans mener grant bruyt,
Je leur ramentoy le jeu d'asne.

CXXXVIII.

Item, et à filles de bien,
Qui ont pères, mères et antes,
Par m'ame! je ne donne rien ;
Tout ont eu varletz et servantes ;
Se fussent-ilz de pou contentes,
Grant bien leur feissent maintz lopins,
Aux povres filles advenantes,
Qui se perdent aux Jacopins.

CXXXIX.

Aux Célestins et aux Chartreux,
Quoy que vie meinent estroicte,
Si ont-ilz largement entre eulx,
Dont povres filles ont souffrette :
Tesmoing Jaqueline et Perrette,
Et Isabeau, qui dit : *Enné!*
Puis qu'ilz ont eu telle disette,
A peine en seroit-on damné.

CXL.

Item, à la grosse Margot,
Très doulce face et pourtraicture,
Foy que doy *Brelare Bigod*,

Assez devote creature.
Je l'ayme de propre nature,
Et elle moy, la doulce sade.
Qui la trouvera d'adventure,
Qu'on luy lise ceste Ballade.

BALLADE

DE VILLON ET DE LA GROSSE MARGOT.

Se j'ayme et sers la belle de bon haict,
M'en devez-vous tenir à vil ne sot?
Elle a en soy des biens à fin souhaict.
Pour son amour ceings bouclier et passot.
Quand viennent gens, je cours et happe un pot :
Au vin m'en voys, sans demener grand bruyt.
Je leur tendz eau, frommage, pain et fruict,
S'ils payent bien, je leur dy que bien *stat* :
« Retournez cy, quand vous serez en ruyt,
En ce bourdel où tenons nostre estat! »

Mais, tost après, il y a grant deshait,
Quand sans argent s'en vient coucher Margot;
Veoir ne la puis; mon cueur à mort la hait.
Sa robe prens, demy-ceinct et surcot :
Si luy prometz qu'ilz tiendront pour l'escot.
Par les costez si se prend, l'Antechrist
Crie, et jure par la mort Jesuchrist,
Que non fera. Lors j'enpongne ung esclat,
Dessus le nez luy en fais ung escript,
En ce bourdel où tenons nostre estat.

Puis paix se faict, et me lasche ung gros pet
Plus enflée qu'ung venimeux scarbot.
Riant, m'assiet le poing sur mon sommet,
Gogo me dit, et me fiert le jambot.
Tous deux yvres, dormons comme ung sabot;
Et, au reveil, quand le ventre luy bruyt,
Monte sur moy, qu'el ne gaste son fruit.
Soubz elle geins; plus qu'ung aiz me faict plat;
De paillarder tout elle me destruict,
En ce bourdel où tenons nostre estat.

ENVOI.

Vente, gresle, gelle, j'ay mon pain cuict!
Je suis paillard, la paillarde me suit.
Lequel vault mieux, chascun bien s'entresuit.
L'ung l'autre vault : c'est à mau chat mau rat.
Ordure amons, ordure nous affuyt.
Nous deffuyons honneur, il nous deffuyt,
En ce bourdel où tenons nostre estat.

CXLI.

Item, à Marion l'Ydolle,
Et la grand Jehanne de Bretaigne,
Donne tenir publique escolle,
Où l'escolier le maistre enseigne.
Lieu n'est où ce marché ne tienne,
Sinon en la grille de Mehun;
De quoy je dy : Fy de l'enseigne,
Puis que l'ouvrage est si commun!

CXLII.

Item, à Noë le Jolys,
Autre chose je ne luy donne,
Fors plein poing d'osiers frez cueilliz
En mon jardin; je l'abandonne.
Chastoy est une belle aulmosne;
Ame n'en doit estre marry.
Unze vingtz coups lui en ordonne,
Par les mains de maistre Henry.

CXLIII.

Item, ne sçay que à l'Hostel-Dieu
Donner, n'aux povres hospitaulx;
Bourdes n'ont icy temps ne lieu,
Car povres gens ont assez maulx.
Chascun leur envoye leurs os.
Les Mandians ont eu mon oye;
Au fort, ilz en auront les os :
A menues gens menue monnoye.

CXLIV.

Item, je donne à mon barbier,
Qui se nomme Colin Galerne,
Près voysin d'Angelot l'Herbier,
Ung gros glasson... Prins où? En Marne,
Affin qu'à son ayse s'yverne.
De l'estomach le tienne près.
Se l'yver ainsi se gouverne,
Il n'aura chault l'esté d'après.

CXLV.

Item, rien aux Enfans-Trouvez;
Mais les perduz fault que console,

Si doivent estre retrouvez,
Par droict, sur Marion l'Ydolle.
Une leçon de mon escolle
Leur liray, qui ne dure guière.
Teste n'ayent dure ne folle,
Mais escoutent : c'est la dernière !

BELLE LEÇON

DE VILLON, AUX ENFANS PERDUZ.

Beaux enfans, vous perdez la plus
Belle rose de vo chapeau,
Mes clers apprenans comme glu;
Se vous allez à Montpippeau
Ou à Ruel, gardez la peau :
Car, pour s'esbatre en ces deux lieux,
Cuydant que vaulsist le rappeau,
La perdit Colin de Cayeulx.

Ce n'est pas ung jeu de trois mailles,
Où va corps, et peut-estre l'ame :
S'on perd, rien n'y sont repentailles,
Qu'on ne meure à honte et diffame;
Et qui gaigne, n'a pas à femme
Dido la royne de Cartage.
L'homme est donc bien fol et infame,
Qui, pour si peu, couche tel gage.

Qu'ung chascun encore m'escoute :
On dit, et il est verité,

Que charretée se boyt toute,
Au feu l'yver, au bois l'esté.
S'argent avez, il n'est enté ;
Mais le despendez tost et viste.
Qui en voyez-vous herité ?
Jamais mal acquest ne proffite.

BALLADE

DE BONNE DOCTRINE,

A ceux de mauvaise vie.

Car ou soyes porteur de bulles,
Pipeur ou hazardeur de dez,
Tailleur de faulx coings, tu te brusles,
Comme ceux qui sont eschaudez,
Traistres pervers, de foy vuydez ;
Soyes larron, ravis ou pilles :
Où en va l'acquest, que cuydez ?
Tout aux tavernes et aux filles.

Ryme, raille, cymballe, luttes,
Comme folz, faintis, eshontez ;
Farce, broille, joue des flustes ;
Fais, ès villes et ès cités,
Fainctes, jeux et moralitez ;
Gaigne au berlan, au glic, aux quilles :
Où s'en va tout ? Or escoutez :
Tout aux tavernes et aux filles.

De telz ordures te reculles;
Laboure, fauche champs et prez;
Serz et panse chevaulx et mulles,
S'aucunement tu n'es lettrez;
Assez auras, se prens en grez.
Mais, se chanvre broyes ou tilles,
Où tend ton labour qu'as ouvrez?
Tout aux tavernes et aux filles.

ENVOI.

Chausses, pourpoinctz esguilletez,
Robes, et toutes vos drapilles,
Ains que cessez, vous porterez
Tout aux tavernes et aux filles.

CXLVI.

A vous parle, compaings de galles,
Qui estes de tous bons accors;
Gardez-vous tous de ce mau hasles,
Qui noircist gens quand ils sont mortz;
Eschevez-le, c'est ung mal mors;
Passez-vous-en mieulx que pourrez;
Et, pour Dieu, soyez tous recors
Qu'une fois viendra que mourrez.

CXLVII.

Item, je donne aux Quinze-Vingtz,
Qu'autant vauldroit nommer Trois-Cens
De Paris, non pas de Provins,
Car à eulx tenu je me sens.
Ilz auront, et je m'y consens,

Sans les estuis, mes grans lunettes,
Pour mettre à part, aux Innocens,
Les gens de bien des deshonnestes.

CXLVIII.

Icy n'y a ne rys ne jeu.
Que leur vault avoir eu chevances,
N'en grans lictz de parement geu,
Engloutir vin, engrossir panses,
Mener joye, festes et danses,
Et de ce prest estre à toute heure ?
Tantost faillent telles plaisances,
Et la coulpe si en demeure.

CXLIX.

Quand je considère ces testes
Entassées en ces charniers,
Tous furent maistres des requestes,
Ou tous de la Chambre aux Deniers,
Ou tous furent porte-paniers ;
Autant puis l'ung que l'autre dire,
Car, d'evesques ou lanterniers,
Je n'y congnois rien a redire.

CL.

Et icelles qui s'inclinoient
Unes contre autres en leur vies ;
Desquelles les unes regnoient,
Des autres craintes et servies :
Là les voy toutes assouvies,
Ensemble en ung tas pesle-mesle.
Seigneuries leur sont ravies ;
Clerc ne maistre ne s'y appelle.

CLI.

Or sont-ilz mortz, Dieu ayt leurs ames!
Quant est des corps, ils sont pourriz.
Ayent esté seigneurs ou dames,
Souef et tendrement nourriz
De cresme, fromentée ou riz,
Leurs os sont declinez en pouldre,
Auxquelz ne chault d'esbat, ne riz...
Plaise au doulx Jesus les absouldre!

CLII.

Aux trespassez je fais ce lays,
Et icelluy je communique
A regentz, courtz, sieges et plaids,
Hayneurs d'avarice l'inique,
Lesquelz pour la chose publique
Se seichent les os et les corps :
De Dieu et de sainct Dominique
Soient absolz, quand ilz seront mortz

LAYS.

Au retour de dure prison,
Où j'ay laissé presque la vie,
Se Fortune a sur moy envie,
Jugez s'elle fait mesprison!
Il me semble que, par raison,
Elle deust bien estre assouvie,
  Au retour.

Cecy plain est de desraison,
Qui vueille que de tout desvie;
Plaise à Dieu que l'ame ravie
En soit, lassus, en sa maison,
  Au retour!

CLIII.

Item, donne à maistre Lomer,
Comme extraict que je suis de fée,
Qu'il soit bien amé; mais, d'amer
Fille en chief ou femme coëffée,
Jà n'en ayt la teste eschauffée,
Ce qui ne luy couste une noix,
Faire ung soir pour soy la fastée,
En despit d'Auger le Danois.

CLIV.

Item, rien à Jaques Cardon,
Car je n'ay rien pour luy honneste.
Non pas que le jette à bandon
Sinon cette Bergeronnette :
S'elle eust le chant *Marionnette*,
Faict por Marion la Peau-Tarde,
D'un *Ouvrez vostre huys, Guillemette*,
Elle allast bien à la moustarde.

CLV.

Item donne aux amans enfermes,
Oultre le lay Alain Chartier,
A leurs chevetz, de pleurs et lermes
Trestout fin plain ung benoistier,

Et ung petit brin d'esglantier,
En tout temps verd, pour gouppillon,
Pourveu qu'ilz diront ung *Psaultier*
Pour l'ame du pouvre Villon.

CLVI.

Item, à maistre Jacques James,
Qui se tue d'amasser biens,
Donne fiancer tant de femmes
Qu'il vouldra ; mais d'espouser, riens
Pour qui amasse-il ? Pour les siens.
Il ne plainct fors que ses morceaulx ;
Ce qui fut aux truyes, je tiens
Qu'il doit de droit estre aux pourceaulx.

CLVII.

Item, le Camus Seneschal,
Qui une fois paya mes debtes,
En recompense, mareschal,
Pour ferrer oës et canettes.
Je luy envoye ces sornettes,
Pour soy desennuyer ; combien,
Si veult, face-en des alumettes.
De bien chanter s'ennuye-on bien.

CLVIII.

Item, au Chevalier du Guet
Je donne deux beaulx petitz pages,
Philippot et le gros Marquet,
Qui ont servy, dont sont plus sages,
La plus grant partie de leurs aages,
Tristan, prevost des mareschaulx.
Hélas, s'ilz sont cassez de gaiges,
Aller leur fauldra tous deschaulx !

CLIX.

Item, au Chappelain je laisse
Ma chapelle à simple tonsure,
Chargée d'une seiche messe,
Où il ne fault pas grand lecture.
Resigné luy eusse ma cure,
Mais point ne veult de charge d'ames;
De confesser, ce dit, n'a cure,
Sinon chambrières et dames.

CLX.

Pour ce que sçait bien mon entente,
Jehan de Calays, honnorable homme,
Qui ne me veit des ans a trente,
Et ne sçait comment je me nomme,
De tout ce Testament, en somme,
S'aucune y a difficulté,
Oster jusqu'au rez d'une pomme
Je luy en donne faculté.

CLXI.

De le gloser et commenter,
De le diffinir ou prescripre,
Diminuer ou augmenter;
De le canceller ou transcripre
De sa main, ne sceust-il escripre;
Interpreter, et donner sens,
A son plaisir, meilleur ou pire;
A tout ceci je m'y consens.

CLXII.

Et s'aucun, dont n'ay congnoissance,
Estoit allé de mort à vie,

Audict Calais donne puissance,
Affin que l'ordre soit suyvie
Et mon ordonnance assouvie,
Que ceste aulmosne ailleurs transporte,
Sans se l'appliquer par envie;
A son ame je m'en rapporte.

CLXIII.

Item, j'ordonne à Saincte-Avoye,
Et non ailleurs, ma sepulture;
Et, affin que chascun me voye,
Non pas en chair, mais en paincture,
Que l'on tire mon estature
D'ancre, s'il ne coustoit trop cher.
De tumbel? Rien; je n'en ay cure,
Car il greveroit le plancher.

CLXIV.

Item, vueil qu'autour de ma fosse
Ce que s'ensuyt, sans autre histoire,
Soit escript, en lettre assez grosse;
Et qui n'auroit point d'escriptoire,
De charbon soit, ou pierre noire,
Sans en rien entamer le plastre :
Au moins sera de moy memoire
Telle qu'il est d'ung bon folastre.

CLXV.

CY GIST ET DORT EN CE SOLLIER,
QU'AMOUR OCCIST DE SON RAILLON,
UNG POUVRE PETIT ESCOLLIER,
QUI FUT NOMMÉ FRANÇOIS VILLON.
ONCQUES DE TERRE N'EUT SILLON.

Il donna tout, chascun le scet :
Table, tretteaulx, pain, corbillon.
Pour Dieu, dictes-en ce verset.

RONDEAU.

Repos eternel donne à cil,
Lumière, clarté perpétuelle,
Qui vaillant plat ny escuelle
N'eut oncques, n'ung brin de percil.
Il fut rez, chef, barbe, sourcil,
Comme ung navet qu'on ree et pelle.
   Repos eternel donne à cil.

Rigueur le transmit en exil,
Et luy frappa au cul la pelle,
Nonobstant qu'il dist : J'en appelle!
Qui n'est pas terme trop subtil.
   Repos eternel donne à cil.

CLXVI.

Item, je vueil qu'on sonne à branle
Le gros Beffray, qui n'est de voire;
Combien que cueur n'est qui ne tremble,
Quand de sonner est à son erre.
Saulvé a mainte belle terre,
Le temps passé, chascun le sçait :
Fussent gens d'armes ou tonnerre,
Au son de luy tout mal cessoit.

CLXVII

Les sonneurs auront quatre miches;
Et se c'est peu, demy-douzaine,
Autant qu'en donnent les plus riches;
Mais ilz seront de sainct Estienne.
Vollant est homme de grant peine :
L'ung en sera. Quand j'y regarde,
Il en vivra une sepmaine.
Et l'autre? Au fort, Jehan de la Garde.

CLXVIII.

Pour tout ce fournir et parfaire,
J'ordonne mes executeurs,
Auxquelz faict bon avoir affaire,
Et contentent bien leurs debteurs.
Ilz ne sont pas trop grans venteurs,
Et ont bien de quoy, Dieu mercys!
De ce faict seront directeurs...
Escripts : je t'en nommeray six.

CLXIX.

C'est maistre Martin Bellefaye,
Lieutenant du cas criminel.
Qui sera l'autre? J'y pensoye :
Ce sera sire Colombel.
S'il luy plaist et il lui est bel,
Il entreprendra ceste charge.
Et l'autre? Michel Jouvenel.
Ces trois seulz, et pour tous, j'en charge.

CLXX.

Mais, au cas qu'ils s'en excusassent,
En redoubtant les premiers frais,

Ou totalement recusassent,
Ceulx qui s'ensuivent cy-après
J'institue, gens de bien très,
Philip Bruneau, noble escuyer,
Et l'autre, son voysin d'emprès,
Cy est maistre Jacques Raguyer;

CLXXI.

Et l'aultre, maistre Jaques James,
Trois hommes de bien et d'honneur,
Desirans de saulver leurs ames,
Et doubtans Dieu Nostre Seigneur.
Plustot y metteront du leur,
Que ceste ordonnance ne baillent.
Point n'auront de contrerooleur,
Mais à leur seul plaisir en taillent.

CLXXII

Des testamens qu'on dit le maistre
De mon faict n'aura *quid* ne *quod*;
Mais ce sera ung jeune prebstre,
Qui se nomme Colas Tacot.
Voulentiers beusse à son escot,
Et qu'il me coustast ma cornette !
S'il sceust jouer en ung trippot,
Il eust de moy le Trou Perrette.

CLXXIII.

Quant au regard du luminaire,
Guillaume du Ru j'y commectz.
Pour porter les coings du suaire,
Aux executeurs le remectz.
Trop plus mal me font qu'oncques mais
Penil, cheveulx, barbe, sourcilz.

Mal me presse ; est temps desormais
Que crie à toutes gens merciz.

BALLADE

Par laquelle Villon crye mercy à chascun.

A Chartreux, aussi Celestins,
A mendians et aux devotes,
A musars et cliquepatins,
Servantes et filles mignottes,
Portant surcotz et justes cottes ;
A cuyderaulx d'amours transis,
Chaussans sans meshaing fauves bottes,
Je crye à toutes gens merciz !

A fillettes monstrans tetins,
Pour avoir plus largement hostes ;
A ribleurs meneurs de hutins,
A basteleurs traynans marmottes,
A folz et folles, sotz et sottes,
Qui s'en vont sifflant cinq et six ;
A veufves et à mariottes,
Je crye à toutes gens merciz !

Sinon aux trahistres chiens mastins,
Qui m'ont fait ronger dures crostes
Et boire eau maintz soirs et matins,
Qu'ores je ne crains pas trois crottes.
Je feisse pour eulx petz et rottes ;
Je ne puis, car je suis assis.
Bien fort, pour eviter riottes,
Je crye à toutes gens merciz !

ENVOI.

Qu'on leur froisse les quinze costes
De gros mailletz, fortz et massis,
De plombée et de telz pelottes.
Je crye à toutes gens merciz!

———

BALLADE

POUR SERVIR DE CONCLUSION.

Icy se clost le Testament
Et finist du pouvre Villon.
Venez à son enterrement,
Quant vous orrez le carillon,
Vestuz rouges com vermillon,
Car en amours mourut martir ;
Ce jura-il sur son coullon
Quand de ce monde voult partir.

Et je croy bien que pas n'en ment,
Car chassié fut comme un soullon
De ses amours hayneusement,
Tant que, d'icy à Roussillon,
Brosses n'y a ne brossillon,
Qui n'eust, ce dit-il sans mentir,
Ung lambeau de son cotillon,
Quand de ce monde voult partir.

Il est ainsi, et tellement,
Quand mourut n'avoit qu'un haillon.

Qui plus? En mourant, mallement
L'espoignoit d'amours l'esguillon;
Plus agu que le ranguillon
D'un baudrier luy faisoit sentir,
C'est de quoy nous esmerveillon,
Quand de ce monde voult partir.

ENVOI.

Prince, gent comme esmerillon,
Saichiez qu'il fist, au departir :
Ung traict but de vin morillon,
Quand de ce monde voult partir.

FIN DU GRAND TESTAMENT.

POÉSIES DIVERSES

LE QUATRAIN

Que feit Villon quand il fut jugé à mourir.

JE suis François, dont ce me poise,
Né de Paris emprès Ponthoise.
Or d'une corde d'une toise
Saura mon col que mon cul poise.

L'EPITAPHE

EN FORME DE BALLADE

Que feit Villon pour luy et ses compagnons, s'attendant
estre pendu avec eulx.

Frères humains, qui après nous vivez,
N'ayez les cueurs contre nous endurciz,
Car, si pitié de nous pouvres avez,
Dieu en aura plustost de vous merciz.
Vous nous voyez cy attachez cinq, six :

Quant de la chair, que trop avons nourrie,
Elle est pieça devorée et pourrie,
Et nous, les os, devenons cendre et pouldre.
De nostre mal personne ne s'en rie,
Mais priez Dieu que tous nous vueille absouldre!

 Se vous clamons, frères, pas n'en devez
Avoir desdaing, quoyque fusmes occis
Par justice. Toutesfois, vous sçavez
Que tous les hommes n'ont pas bon sens assis;
Intercedez doncques, de cueur rassis,
Envers le Filz de la Vierge Marie,
Que sa grace ne soit pour nous tarie,
Nous preservant de l'infernale fouldre.
Nous sommes mors, ame ne nous harie;
Mais priez Dieu que tous nous vueille absouldre!

 La pluye nous a debuez et lavez,
Et le soleil dessechez et noirciz;
Pies, corbeaulx, nous ont les yeux cavez,
Et arrachez la barbe et les sourcilz.
Jamais, nul temps, nous ne sommes rassis;
Puis çà, puis là, comme le vent varie,
A son plaisir sans cesser nous charie,
Plus becquetez d'oyseaulx que dez à couldre.
Ne soyez donc de nostre confrairie,
Mais priez Dieu que tous nous vueille absouldre!

ENVOI.

 Prince Jesus, qui sur tous seigneurie,
Garde qu'Enfer n'ayt de nous la maistrie :
A luy n'ayons que faire ne que souldre.
Hommes, icy n'usez de mocquerie,
Mais priez Dieu que tous nous vueille absouldre!

LA REQUESTE DE VILLON

Présentée à la Cour de Parlement, en forme de ballade.

Tous mes cinq Sens, yeulx, oreilles et bouche,
Le nez, et vous, le sensitif, aussi ;
Tous mes membres où il y a reprouche,
En son endroit ung chascun die ainsi :
« Court souveraine, par qui sommes icy,
Vous nous avez gardé de desconfire ;
Or, la langue ne peut assez suffire
A vous rendre suffisantes louenges :
Si prions tous, fille au souverain Sire,
Mère des bons, et sœur des benoistz anges ! »

Cueur, fendez-vous, ou percez d'une broche,
Et ne soyez, au moins, plus endurcy
Qu'au desert fut la forte bise roche
Dont le peuple des Juifs fut adoulcy ;
Fondez larmes, et venez à mercy,
Comme humble cueur qui tendrement souspire :
Louez la Court, conjoincte au sainct Empire,
L'heur des Françoys, le confort des estranges,
Procreée la sus au ciel empire,
Mère des bons, et sœur des benoistz anges !

Et vous, mes dentz, chascune si s'esloche ;
Saillez avant, rendez toutes mercy,
Plus haultement qu'orgue, trompe, ne cloche,
Et de mascher n'ayez ores soulcy ;
Considerez que je fusse transy,
Foye, pommon, et rate qui respire ;

Et vous, mon corps, vil qui estes ou pire
Qu'ours ne pourceau, qui faict son nid ès fanges,
Louez la Court, avant qu'il vous empire,
Mère des bons, et sœur des benoistz anges!

ENVOI.

Prince, trois jours ne vueillez m'escondire,
Pour moy pourvoir, et aux miens adieu dire;
Sans eulx, argent je n'ay, icy n'aux changes.
Court triumphant, *fiat*, sans me desdire;
Mère des bons, et sœur des benoistz anges!

BALLADE

DE L'APPEL DE VILLON.

Que dites-vous de mon appel,
Garnier? Feis-je sens ou follie?
Toute beste garde sa pel;
Qui la contrainct, efforce ou lye,
S'elle peult, elle se deslie.
Quand à ceste peine arbitraire
On me jugea par tricherie,
Estoit-il lors temps de me taire?

Se fusse des hoirs Hue Capel,
Qui fut extraict de boucherie,
On ne m'eust, parmy ce drapel,
Faict boyre à celle escorcherie :
Vous entendez bien joncherie?
Ce fut son plaisir voluntaire

De me juger par fausserie.
Etoit-il lors temps de me taire?

 Cuydez-vous que soubz mon cappel
N'y eust tant de philosophie
Comme de dire : « J'en appel? »
Si avoit, je vous certifie,
Combien que point trop ne m'y fie.
Quand on me dit, présent notaire :
« Pendu serez ! » je vous affie,
Estoit-il lors temps de me taire?

ENVOI.

 Prince, si j'eusse eu la pepie,
Pieça je fusse où est Clotaire,
Aux champs debout comme ung espie.
Estoit-il lors temps de me taire?

LE DIT

DE LA NAISSANCE MARIE.

> Jam nova progenies celo demittitur alto.
> *Virg., ecl. 4, v. 7.*

 O louée Conception,
Envoiée sà jus des cieulx;
Du noble Lys digne syon;
Don de Jhésus très précieux,
MARIE, nom très gracieux,
Font de pitié, source de grace,

La joye confort de mes yeulx,
Qui nostre paix batist et brasse!

La paix, c'est assavoir, des riches,
Des povres le substantement,
Le rebours des felons et chiches,
Très necessaire enfantement,
Conceu, porté honnestement,
Hors le pechié originel,
Que dire je puis sainctement
Souverain bien, Dieu éternel!

Nom recouvré, joye de peuple,
Confort des bons, de maulx retraicte;
Du doux Seigneur première et seule
Fille, de son cler sang extraicte,
Du dextre costé Clovis traicte,
Glorieuse ymage en tous fais,
Ou hault ciel créée et pourtraicte,
Pour esjouyr et donner paix!

En l'amour et crainte de Dieu,
Es nobles flans Cesar conceue;
Des petis et grans, en tout lieu,
A très grande joye receue;
De l'amour Dieu traicte, tissue,
Pour les discordez ralier,
Et aux enclos donner yssue,
Leurs lians et fers delier.

Aucunes gens, qui bien peu sentent,
Nourriz en simplesse et confiz,
Contre le vouloir Dieu attentent,
Par ignorance desconfiz,

Désirans que feussiez ung filz;
Mais qu'ainsi soit, ainsi m'aist Dieux,
Je croy que ce soit grans proufiz;
Raison : Dieu fait tout pour le mieulx.

Du Psalmiste je prens les dictz :
Delectasti me, Domine,
In factura sua! Je diz :
« Noble enfant, de bonne heure né,
A toute doulceur destiné,
Manna du Ciel, celeste don,
De tous bienfais le guerdonné,
Et de nos maulx le vray pardon ! »

DOUBLE BALLADE.

Combien que j'ay leu en ung Dit :
Inimicum putes, y a,
Qui te presentem laudabit,
Toutesfois, non obstant cela,
Oncques vray homme ne cela
En son courage aucun grant bien,
Qui ne le monstrast cà et là :
On doit dire du bien le bien.

Saint Jehan-Baptiste ainsi le fist,
Quand l'Aignel de Dieu descela.
En ce faisant pas ne meffist,
Dont sa voix ès tourbes vola;
De quoy saint André Dieu loua,
Qui de luy cy ne sçavoit rien,

Et au Fils de Dieu s'aloua :
On doit dire du bien le bien.

    Envoyée de Jhesucrist,
Rappelles sà jus, par deçà,
Les povres que Rigueur proscript
Et que Fortune betourna.
Cy sçay bien comment y m'en va !
De Dieu, de vous, vie je tien...
Benoist celle qui vous porta !
On doit dire du bien le bien.

    Cy, devant Dieu, fais congnoissance,
Que creature feusse morte,
Ne feust vostre doulce naissance,
En charité puissant et forte,
Qui ressuscite et reconforte
Ce que Mort avoit prins pour sien.
Vostre présence me conforte :
On doit dire du bien le bien.

    Cy vous rens toute obéissance,
A ce faire raison m'exorte,
De toute ma povre puissance ;
Plus n'est deul qui me desconforte,
N'autre ennuy de quelque sorte.
Vostre je suis et non plus mien ;
Ad ce droit et devoir m'enhorte :
On doit dire du bien le bien.

    O grace et pitié très immense,
L'entrée de paix et la porte,
Some et benigne clemence,
Qui noz faultes toult et supporte,

Sy de vous louer me deporte,
Ingrat suis, et je le maintien,
Dont en ce refrain me transporte :
On doit dire du bien le bien.

ENVOI.

Princesse, ce loz je vous porte,
Que sans vous je ne feusse rien.
A vous et à vous m'en rapporte.
On doit dire du bien le bien.

―――

Euvre de Dieu, digne, louée
Autant que nulle créature,
De tous biens et vertuz douée,
Tant d'esperit que de nature,
Que de ceulx qu'on dit, d'adventure,
Plus nobles que rubis balais ;
Selon de Caton l'escripture :
Patrem insequitur proles.

Port assuré, maintien rassiz,
Plus que ne peut nature humaine,
Et, eussiez des ans trente-six,
Enfance en rien ne vous demaine.
Que jour ne le die et sepmaine,
Je ne sçay qui me le deffend...
A ce propos ung dit ramaine :
De saige mère saige enfant.

Dont resume ce que j'ay dit :
Nova progenies cœlo.

Car c'est du poëte le dit :
Jamjam demittitur alto.
Saige Cassandre, belle Echo,
Digne Judith, caste Lucresse,
Je vous congnois, noble Dido,
A ma seule dame et maistresse.

En priant Dieu, digne pucelle,
Que vous doint longue et bonne vie ;
Qui vous ayme, MADEMOISELLE,
Jà ne coure sur luy envie.
Entière dame et assouvie,
J'espoir de vous servir ainçoys,
Certes, se Dieu plaist, que devie
Vostre povre escolier FRANÇOYS.

BALLADE VILLON.

Je meurs de soif auprès de la fontaine,
Chauld comme feu, et tremble dent à dent,
En mon païs suis en terre loingtaine ;
Lez un brazier friçonne tout ardent ;
Nu comme ung ver, vestu en president ;
Je ris en pleurs, et attens sans espoir ;
Confort reprens en triste desespoir ;
Je m'esjouys et n'ay plaisir aucun ;
Puissant je suis sans force et sans povoir,
Bien recueilly, debouté de chascun.

Rien ne m'est seur que la chose incertaine,
Obscur, fors ce qui est tout evident ;

Doubte ne fais, fors en chose certaine;
Science tiens à soudain accident;
Je gaigne tout, et demeure perdent;
Au point du jour, diz : « Dieu vous doint bon soir ! »
Gisant envers, j'ay grant paour de cheoir;
J'ay bien de quoy, et si n'en ay pas un;
Eschoicte attens, et d'homme ne suis hoir,
Bien recueilly, debouté de chascun.

De riens n'ay soing, si metz toute ma paine
D'acquerir biens, et n'y suis pretendant;
Qui mieulx me dit, c'est cil qui plus m'attaine,
Et qui plus vray, lors plus me va bourdant;
Mon ami est qui me fait entendant
D'ung cygne blanc que c'est ung corbeau noir;
Et qui me nuyst croy qu'il m'aide à povoir.
Verité, bourde, aujourd'uy m'est tout un.
Je retiens tout; riens ne sçay concepvoir,
Bien recueilly, debouté de chascun.

L'ENVOI.

Prince clement, or vous plaise savoir
Que j'entens moult, et n'ay sens ne sçavoir;
Parcial suis, à toutes lois commun.
Que fais-je plus ? Quoy ? Les gaiges ravoir,
Bien recueilly, debouté de chascun.

EPISTRE

EN FORME DE BALLADE, A SES AMIS.

Ayez pitié, ayez pitié de moy,
A tout le moins, si vous plaist, mes amis!

En fosse giz, non pas soubz houx ne may,
En cest exil ouquel je suis transmis
Par fortune, comme Dieu l'a permis.
Filles, amans, jeunes, vieulx et nouveaulx;
Danceurs, saulteurs, faisans les piez de veaux,
Vifs comme dars, aguz comme aguillon;
Gouffres tintans, clers comme gastaneaux,
Le lesserez là, le povre Villon?

 Chantres chantans à plaisance, sans loy;
Galans, rians, plaisans en faictz et diz,
Coureux, allans, francs de faulx or, d'aloy;
Gens d'esperit, ung petit estourdiz;
Trop demourez, car il meurt entandiz.
Faiseurs de laiz, de motets et rondeaux,
Quand mort sera vous lui ferez chandeaux.
Il n'entre, où gist, n'escler ne tourbillon;
De murs espoix on luy a fait bandeaux :
Le lesserez là, le povre Villon?

 Venez le veoir en ce piteux arroy,
Nobles hommes, francs de quars et de dix,
Qui ne tenez d'empereur ne de roy,
Mais seulement de Dieu de Paradiz :
Jeuner lui fault dimanches et mardiz
Dond les dens a plus longues que ratteaux,
Après pain sec, non pas après gasteaux;
En ses boyaulx verse eau à gros bouillon;
Bas enterré, table n'a, ne tresteaulx :
Le lesserez là, le povre Villon?

ENVOI.

 Princes nommez, anciens, jouvenceaulx,
Impetrez-moy graces et royaulx sceaux,

Et me montez en quelque corbillon.
Ainsi se font l'un à l'autre pourceaux,
Car, où l'un brait, ilz fuyent à monceaux.
Le lesserez là, le povre Villon?

LE DEBAT

DU CUEUR ET DU CORPS DE VILLON,

En forme de Ballade.

Qu'est-ce que j'oy?—Ce suis-je.—Qui?—Ton cueur,
Qui ne tient mais qu'à ung petit filet,
Force n'ay plus, substance ne liqueur,
Quand je te voy retraict ainsi seulet,
Com pouvre chien tappy en recullet.
— Pourquoy est-ce?— Pour ta folle plaisance.
—Que t'en chault-il?—J'en ai la desplaisance.
— Laisse m'en paix!—Pourquoi?— J'y penseray.
— Quand sera-ce?—Quant seray hors d'enfance.
— Plus ne t'en dy. — Et je m'en passeray.

—Que penses-tu?—Estre homme de valeur.
—Tu as trente ans.—C'est l'aage d'ung mullet.
—Est-ce enfance?—Nenny.—C'est donc folleur
Qui te saisit?—Par où?—Par le collet.
Rien ne congnois.— Si fais : mouches en laict :
L'ung est blanc, l'autre est noir, c'est la distance.
—Est-ce doncq tout?— Que veulx-tu que je tance?
Si n'est assez, je recommenceray.
— Tu es perdu!— J'y mettray resistance.
— Plus ne t'en dy. — Et je m'en passeray.

—J'en ay le dueil; toi, le mal et douleur.
Si fusse ung povre ydiot et folet,
Au cueur eusses de t'excuser couleur :
Se n'as-tu soing, tout ung, tel, bel ou laid,
Ou la teste as plus dure qu'ung jalet,
Ou mieulx te plaist qu'honneur ceste meschance!
Que respondras à ceste conséquence?
— J'en seray hors quand je trespasseray.
— Dieu, quel confort! — Quelle saige eloquence
— Plus ne t'en dy. — Et je m'en passeray.

— D'ond vient ce mal?—Il vient de mon malheur
Quand Saturne me feit mon fardelet,
Ces maulx y mist, je le croy. — C'est foleur :
Son seigneur es, et te tiens son valet.
Voy que Salmon escript en son roulet :
« Homme sage, ce dit-il, a puissance
Sur les planètes et sur leur influence. »
— Je n'en croy rien; tel qu'ilz m'ont faict seray.
— Que dis-tu? — Rien. — Certe, c'est ma créance
Plus ne t'en dy. — Et je m'en passeray.

ENVOI.

—Veux-tu vivre?—Dieu m'en doint la puissance
— Il te fault... — Quoy? — Remors de conscience;
Lire sans fin. — Et en quoy? — En science ;
Laisse les folz! — Bien, j'y adviseray.
— Or le retiens. — J'en ay bien souvenance.
— N'attends pas tant que tourne à desplaisance.
Plus ne t'en dy.— Et je m'en passeray.

LA REQUESTE

Que Villon bailla à Monseigneur de Bourbon.

Le mien seigneur et prince redoubté,
Fleuron de Lys, royale geniture,
Françoys Villon, que travail a dompté
A coups orbes, par force de batture,
Vous supplie, par cette humble escripture,
Que luy faciez quelque gracieux prest.
De s'obliger en toutes cours est prest;
Si ne doubtez que bien ne vous contente.
Sans y avoir dommage n'interest,
Vous n'y perdrez seulement que l'attente.

A prince n'a ung denier emprunté,
Fors à vous seul, vostre humble creature.
Des six escus que lui avez presté,
Cela pieça, il mist en nourriture;
Tout se payera ensemble, c'est droicture,
Mais ce sera légèrement et prest :
Car, se du gland rencontre en la forest
D'entour Patay, et chastaignes ont vente,
Payé serez sans delay ny arrest :
Vous n'y perdrez seulement que l'attente.

Si je pensois vendre de ma santé
A ung Lombard, usurier par nature,
Faulte d'argent m'a si fort enchanté,
Que j'en prendrois, ce croy-je, l'adventure.
Argent ne pend à gippon ne ceincture;
Beau sire Dieux! je m'esbahyz que c'est,
Que devant moy croix ne se comparoist,

Sinon de bois ou pierre, que ne mente;
Mais s'une fois la vraye m'apparoist,
Vous n'y perdrez seulement que l'attente.

ENVOI.

Prince du Lys, qui à tout bien complaist,
Que cuydez-vous, comment il me desplaist
Quand je ne puis venir à mon entente?
Bien m'entendez, aydez-moi, s'il vous plaist:
Vous n'y perdrez seulement que l'attente.

SUSCRIPTION DE LADITE REQUESTE

Allez, Lettres, faictes un sault,
Combien que n'ayez pied ne langue :
Remonstrez, en vostre harengue,
Que faulte d'argent si m'assault.

BALLADE

DES PROVERBES.

Tant grate chèvre que mal gist;
Tant va le pot à l'eau qu'il brise;
Tant chauffe-on le fer qu'il rougist;
Tant le maille-on qu'il se debrise;
Tant vault l'homme comme on le prise;
Tant s'eslongne-il qu'il n'en souvient;
Tant mauvais est qu'on le desprise;
Tant crie l'on Noel qu'il vient.

Tant raille-on que plus on ne rit;
Tant despend-on qu'on n'a chemise;

Tant est-on franc que tout se frit;
Tant vault tien que chose promise;
Tant ayme-on Dieu qu'on suyt l'Église;
Tant donne-on qu'emprunter convient;
Tant tourne vent qu'il chet en bise;
Tant crie l'on Noel qu'il vient.

    Tant ayme-on chien qu'on le nourrist;
Tant court chanson qu'elle est apprise;
Tant garde-on fruict qu'il se pourrist;
Tant bat-on place qu'elle est prise;
Tant tarde-on qu'on fault à l'emprise;
Tant se haste-on que mal advient;
Tant embrasse-on que chet la prise;
Tant crie l'on Noel qu'il vient;

ENVOI.

    Prince, tant vit fol qu'il s'advise;
Tant va-t-il qu'après il revient;
Tant le matte-on qu'il se radvise;
Tant crie l'on Noel qu'il vient.

BALLADE

DES MENUS PROPOS.

    Je congnois bien mouches en laict;
Je congnois à la robe l'homme;
Je congnois le beau temps du laid;
Je congnois au pommier la pomme;
Je congnois l'arbre à veoir la gomme;

Je congnois quand tout est de mesme;
Je congnois qui besongne ou chomme;
Je congnois tout, fors que moy-mesme.

 Je congnois pourpoinct au collet;
Je congnois le moyne à la gonne;
Je congnois le maistre au valet;
Je congnois au voyle la nonne;
Je congnois quand piqueur jargonne;
Je congnois folz nourriz de cresme;
Je congnois le vin à la tonne;
Je congnois tout, fors que moy-mesme.

 Je congnois cheval du mulet;
Je congnois leur charge et leur somme;
Je congnois Bietrix et Bellet;
Je congnois gect qui nombre et somme;
Je congnois vision en somme;
Je congnois la faulte des Boesmes;
Je congnois filz, varlet et homme :
Je congnois tout, fors que moy-mesme.

ENVOI.

 Prince, je congnois tout en somme;
Je congnois coulorez et blesmes;
Je congnois mort qui nous consomme;
Je congnois tout, fors que moy-mesme.

BALLADE

DES POVRES HOUSSEURS.

On parle des champs labourer,
De porter chaulme contre vent,
Et aussi de se marier
A femme qui tance souvent ;
De moyne de povre couvent,
De gens qui vont souvent sur mer ;
De ceulx qui vont les bleds semer,
Et de celluy qui l'asne maine ;
Mais, à trestout considérer,
Povres housseurs ont assez peine.

A petis enfans gouverner,
Dieu sçait se c'est esbatement !
De gens d'armes doit-on parler ?
De faire leur commandement ?
De servir Malchus chauldement ?
De servir dames et aymer ?
De guerrier et bouhourder
Et de jouster à la quintaine ?
Mais, à trestout considérer,
Povres housseurs ont assez peine.

Ce n'est que jeu de bled soyer,
Et de prez faulcher, vrayement ;
Ne d'orge battre, ne vanner,
Ne de plaider en Parlement ;
A danger emprunter argent ;
A maignans leurs poisles mener ;

Et à charretiers desjeuner,
Et de jeusner la quarantaine;
Mais, à trestout considérer,
Povres housseurs ont assez peine.

PROBLÈME OU BALLADE

AU NOM DE LA FORTUNE.

Fortune fuz par clercz jadis nommée,
Que toy, Françoys, crie et nomme meurtrière.
S'il y a hom d'aucune renommée
Meilleur que toy, faiz user en plastrière,
Par povreté, et fouyr en carrière,
S'a honte viz, te dois tu doncques plaindre?
Tu n'es pas seul; si ne te dois complaindre.
Regarde et voy de mes faitz de jadis,
Maints vaillans homs par moy mors et roidiz,
Et n'eusses-tu envers eulx ung soullon,
Appaise-toy, et mectz fin en tes diz :
Par mon conseil prends tout en gré, Villon!

Contre grans roys je me suis bien armée,
Le temps qui est passé; car, en arrière,
Priame occis et toute son armée;
Ne lui valut tour, donjon, ne barrière.
Et Hannibal, demoura-il derrière?
En Cartaige, par moy, le feiz actaindre;
Et Scypion l'Affricquain feiz estaindre;
Julius Cesar au senat je vendiz;
En Egipte Pompée je perdiz;

En mer noyay Jazon en ung boullon;
Et, une fois, Romme et Rommains ardiz...
Par mon conseil prends tout en gré, Villon!

Alexandre, qui tant fist de hamée,
Qui voulut voir l'estoille poucynière,
Sa personne par moy fut inhumée.
Alphasar roy, en champ, sous la bannière,
Ruay jus mort; cela est ma manière.
Ainsi l'ay fait, ainsi le maintendray;
Autre cause ne raison n'en rendray.
Holofernes, l'ydolastre mauldiz,
Qu'occist Judic (et dormoit entandiz!)
De son poignart, dedens son pavillon;
Absallon, quoy! en fuyant suspendis...
Par mon conseil prends tout en gré, Villon!

ENVOI.

Povre Françoys, escoute que tu dis:
Se rien peusse sans Dieu de paradiz,
A toy n'aultre ne demourroit haillon:
Car pour ung mal lors j'en feroye dix:
Par mon conseil prends tout en gré, Villon!

BALLADE

CONTRE LES MESDISANS DE LA FRANCE.

Rencontré soit de bestes feu gectans,
Que Jason vit, querant la Toison d'or;
Ou transmué d'homme en beste, sept ans,

Ainsi que fut Nabugodonosor ;
Ou bien ait perte aussi griefve et villaine
Que les Troyens pour la prinse d'Heleine ;
Ou avallé soit avec Tantalus
Et Proserpine aux infernaulx pallus,
Ou plus que Job soit en griefve souffrance,
Tenant prison en la court Dedalus,
Qui mal vouldroit au royaume de France !

Quatre mois soit en un vivier chantant,
La teste au fons, ainsi que le butor ;
Ou au Grand-Turc vendu argent contant,
Pour estre mis au harnois comme ung tor ;
Ou trente ans soit, comme la Magdelaine,
Sans vestir drap de linge ne de laine ;
Ou noyé soit, comme fut Narcisus ;
Ou aux cheveux, comme Absalon, pendus,
Ou comme fut Judas par desperance,
Ou puist mourir comme Simon Magus,
Qui mal vouldroit au royaume de France !

D'Octovien puisse venir le temps :
C'est qu'on luy coule au ventre son trésor ;
Ou qu'il soit mis entre meules flotans ;
En un moulin, comme fut saint Victor ;
Ou transgloutis en la mer, sans haleine,
Pis que Jonas au corps de la baleine ;
Ou soit banny de la clarté Phœbus,
Des biens Juno et du soulas Venus,
Et du grant Dieu soit mauldit à outrance,
Ainsi que fut roy Sardanapalus,
Qui mal vouldroit au royaume de France !

ENVOI.

Prince, porté soit des clers Eolus,
En la forest où domine Glocus,
Ou privé soit de paix et d'espérance,
Car digne n'est de posseder vertus,
Qui mal vouldroit au royaume de France!

LE JARGON OU JOBELIN

DE MAISTRE

FRANÇOIS VILLON.

BALLADE I.

A Parouart, la grand Mathe Gaudie,
Où accollez sont duppez et noirciz,
De par angels suyvans la paillardie,
   Sont greffiz et prins cinq ou six.
Là sont bleffeurs, au plus hault bout assis
Pour l'evagie, et bien hault mis au vent.
Escevez-moy tost ces coffres massis !
Ces vendengeurs, des ances circoncis,
   S'embrouent du tout à néant.....
   Eschec, eschec, pour le fardis !

   Brouez-moy sur ces gours passans,
   Advisez-moy bien tost le blanc,
Et pictonnez au large sur les champs :
Qu'au mariage ne soyez sur le banc
   Plus qu'un sac de plastre n'est blanc.

Si gruppez estes des carireux,
Rebignez-moy tost ces enterveux,
Et leur montrez des trois le bris :
Que clavés ne soyez deux et deux...
Eschec, eschec, pour le fardis!

Plantez aux hurmes vos picons,
De paour des bisans si très-durs,
Et, aussi, d'estre sur les joncs,
En mahe, en coffres, en gros murs.
Escharricez, ne soyez durs,
Que le grand Can ne vous fasse essorer.
Songears ne soyez pour dorer,
Et babignez tousjours aux ys
Des sires, pour les debouser.....
Eschec, eschec, pour le fardis!

ENVOI.

Prince Froart, dit des Arques Petis,
L'un des sires si ne soit endormis,
Levez au bec, que ne soyez griffis,
Et que vous n'en ayez du pis.....
Eschec, eschec, pour le fardis!

BALLADE II.

Coquillars, narvans à Ruel,
Men ys vous chante que gardez
Que n'y laissez et corps et pel,
Com fist Colin de l'Escaillier,
Devant la roe babiller

Il babigna, pour son salut.
Pas ne sçavoit oingnons peller,
Dont Lamboureur lui rompt le suc.

    Changez, andossez souvent,
      Et tirez tout droit au tremble,
Et eschicquez tost en brouant,
Qu'en la jarte ne soyez ample.
Montigny y fut, par exemple,
Bien estaché au halle-grup,
Et y jargonnast-il le temple,
Dont Lamboureur lui rompt le suc.

    Gailleurs, bien faitz en piperie,
Pour ruer les ninars au loing,
A l'assault tost, sans suerie !
Que les mignons ne soient au gaing,
Tout farcis d'un plumas à coing,
Qui griefve et garde le duc,
Et de la dure si très loing,
Dont Lamboureur luy rompt le suc.

ENVOI.

    Prince, arrière de Ruel,
Et n'eussiez vous denier ne pluc,
Que au giffle ne laissez la pel,
Pour Lamboureur, qui rompt le suc.

BALLADE III.

      Spélicans,
    Qui, en tous temps,
Avancez dedans le pogois,
      Gourde piarde,
     Et sur la tarde,
Desboursez les pauvres nyais,
Et pour soustenir vostre pois,
Les duppes sont privez de caire,
     Sans faire haire,
     Ne hault braiere,
Mais plantez ils sont comme joncz,
Pour les sires qui sont si longs.

    Souvent aux arques,
     A leurs marques,
Se laissent tous desbouser
       Pour ruer,
     Et enterver
Pour leur contre que lors faisons.
La fée aux Arques vous respond,
Et rue deux coups, ou bien troys,
      Aux gallois.
     Deux, ou troys
Mineront trestout aux frontz,
Pour les sires qui sont si longs.

    Et pour ce, benards,
      Coquillars,
Rebecquez-vous de la montjoye,

Qui desvoye
Votre proye,
Et vous fera de tout brouer;
Par joncher
Et enterver,
Qui est aux pigeons bien cher :
Pour rifler
Et placquer
Les angels de mal tous rondz,
Pour les sires qui sont si longs.

ENVOI.

De paour des hurmes
Et des grumes,
Rassurez-vous en droguerie
Et faerie,
Et ne soyez plus sur les joncz,
Pour les sires qui sont si longs.

BALLADE IV.

Saupicquetz frouans des gours arques,
Pour deshouser, beau sire dieux,
Allez ailleurs planter vos marques !
Benards, vous estes rouges gueux.
Berard s'en va chez les joncheux
Et babigne qu'il a plongis.
Mes frères, soiez embrayeux
Et gardez les coffres massis.

Se gruppez estes, desgrappes
De ces angels si gravelisses;

Incontinent, manteaulx et cappes,
Pour l'emboue ferez eclipses;
De vos sarges serez besifles,
Tout debout et non pas assis.
Pour ce, gardez d'estre griffes
Dedens ces gros coffres massis.

Nyais qui seront attrapez,
Bientost s'en brouent au Halle,
Plus ne vault que tost ne happez
La baudrouse de quatre talle.
Des tires fait la hairenalle,
Quand le gosser est assiegis,
Et si hurcque la pirenalle,
Au saillir des coffres massis.

ENVOI.

Prince des gayeulx, à leurs marques,
Que voz contres ne soient griffis.
Pour doubte de frouer aux arques,
Gardez-vous des coffres massis.

BALLADE V.

Joncheurs, jonchans en joncherie,
Rebignez bien où joncherez;
Qu'Ostac n'embroue vostre arrerie,
Où acollez sont vos ainsnez.
Poussez de la quille et brouez,
Car tost seriez roupieux.
Eschet qu'acollez ne soyez,
Par la poe du marieux.

Bendez-vous contre la faerie,
Quanques vous aurez desbousez,
N'estant à juc la riflerie
Des angelz et leurs assosez.
Berard, se povez, renversez,
Si greffir laissez voz carieux;
La dure bientost renversez,
Pour la poe du marieux.

Entervez à la floterie,
Chantez-leur trois, sans point songer.
Qu'en artes ne soyez en surie,
Blanchir vos cuirs et essurger.
Bignez la mathe, sans targer;
Que vos ans ne soyent ruppieux!
Plantez ailleurs contre assiéger,
Pour la poe du marieux.

ENVOI.

Prince Benard en Esterie,
Querez coupans pour Lamboureux
Et autour de vos ys tuerie,
Pour la poe du marieux.

BALLADE VI

Contres de la gaudisserie,
Entervez tousjours blanc pour brs,
Et frappez, en la hurterie,
Sur les beaulx sires bas assis.
Ruez de feuilles cinq ou six,
Et vous gardez bien de la roe,

Qui aux sires plante du gris,
En leur faisant faire la moe.

La giffle gardez de rurie,
Que vos corps n'en ayent du pis,
Et que point, à la turterie,
En la hurme ne soyez assis.
Prenez du blanc, laissez du bis,
Ruez par les fondes la poe,
Car le bizac, à voir advis,
Faict aux Beroars faire la moe.

Plantez de la mouargie,
Puis ça, puis là, pour l'artis,
Et n'espargnez point la flog'e
Des doulx dieux sur les patis.
Vos ens soyent assez hardis,
Pour leur avancer la droe;
Mais soient memorandis,
Qu'on ne vous face la moe.

ENVOI.

Prince, qui n'a bauderie
Pour eschever de la soe,
Danger du grup, en arderie,
Faict aux sires faire la moe.

FIN DES ŒUVRES DE MAISTRE
FRANÇOIS VILLON.

POÉSIES

ATTRIBUÉES A VILLON

I RONDEL.

Les biens dont vous estes la dame
Ont mon cueur si très fort espris,
Qu'il feust mort, s'il n'eust entrepris
De vous aymer plus que nul ame.

Quant à moy, point je ne l'en blasme,
Pour ce qu'ilz ont de tous le pris
Les biens dont vous estes la dame.

De ce qu'il fault que je vous ayme,
Je sçay trop bien que j'ay mespris;
Mais qui en doit estre repris?
Non pas moi. Qui donc? Sur mon ame,
Les biens dont vous estes la dame.

II. RONDEL.

A bien juger mon propre affaire
Et piteux cas, sans riens en taire,

Plus qu'autre croire me debvez,
Se par advanture n'avez
Information de contraire.

Celle ou celluy qui m'a brassé
Ce maulvais los et pourchassé
Me het et ne vous ayme pas;
Mais il quiert que soye chacié
De vostre amour et effacié.
Je congnois bien telz advocas.

Se vous avez voulu refaire
Leur voulenté pour me deffaire,
Vous faictes mal et me grevez.
Considerez que vous sçavez
Qu'onc vers vous ne voulus meffaire
    A bien juger.

III. RONDEL.

Une fois me dictes ouy,
En foy de noble et gentil femme;
Je vous certifie, ma Dame,
Qu'oncques ne fuz tant resjouy.

Veuillez le donc dire selon
Que vous estes benigne et doulche,
Car ce doulx mot n'est pas si long
Qu'il vous face mal en la bouche.

Soyez seure, si j'en jouy,
Que ma lealle et craintive ame
Gardera trop mieulx que nul ame
Vostre honneur. Avez-vous ouy?
Une fois me dictes ouy.

IV. RONDEL.

Se mieulx ne vient d'amours, peu me contente ;
Une j'en sers qui est bien suffisante
Pour contenter un grant duc ou un roy.
Je l'ayme bien, mais non pas elle moy ;
Il n'est besoing que de ce je me vante.

Combien qu'elle est de taille belle et gente,
De m'en louer pour ceste heure presente
Pardonnez-moy, car je n'y voy de quoy ;
Se mieulx ne vient d'amours, peu me contente.

Quant je luy dy de mon vouloir l'entente,
Et cueur et corps et biens je luy presente,
Pour tout cela remede je n'y voy.
Deliberé suis, sçavez-vous de quoy ?
De luy quicter et le jeu et l'actente.
Se mieulx ne vient d'amours, peu me contente.

V. RONDEL.

De mon faict je ne sçay que dire ;
Par tout où je vois je m'adire,
Et des yeulx voy moins que du coute.
En danger suis qu'il ne me couste
La vie, tant suis remply d'ire.

De mon faict je ne sçay que dire,
Car ma dame si ne tient compte
De mon martyre, quant luy compte,
Mais me dit que trop aise suis,
Et qu'en ce royaulme n'a conte
Qui ait de nulle meilleur compte
Que j'ay d'elle, quant je la suis.

Nullement, de paour de mesdire,
Jamais je ne l'ose desdire;
A son gré parler je l'ecoute,
Puis emprès elle je m'accoute,
Sans luy vouloir riens contredire.
De mon faict je ne sçay que dire.

VI. RONDEL.

Pour entretenir mes amours
Colorer me fault maints fins tours;
Car ma bourse est très mal garnie
Pour fourrer le poignet tousjours.

Ung jour demande haults atours,
Et l'autre ung grant bort de velours,
Et je respons : « Or bien, m'amye, »
Pour entretenir mes amours.

Veez-vous ce donneur de bonjours?
Il a faict en el tant de cours,
Practiqué l'art de baverie,
Qu'il scet moult bien, sans ce qu'il rie,
Dire sa pensée à rebours.
Pour entretenir mes amours
Colorer me fault maints fins tours.

VII. RONDEL.

Tu te brusles à la chandelle!
Helas! mon cueur, ne vois tu pas
Que danger est tousjours au pas,
Qui fait à tous guerre mortelle?

Soyes seur que tu l'auras belle
Se tu n'y vas bien par compas;
Tu te brusles à la chandelle.

Sont-ce chastaignes qu'on y pelle,
A ton advis, pour ton repas?
Nennil. Retrais toy tout le pas,
Ains qu'on te frape au cul la pelle.
Tu te brusles à la chandelle.

VIII. RONDEL.

Adieu vous dy la lerme à l'œil;
Adieu, ma très gente mignonne,
Adieu, sur toutes la plus bonne,
Adieu vous dy, qui m'est grand dueil.

Adieu, adieu, m'amour, mon vueil;
Mon povre cueur vous laisse et donne.
Adieu vous dy la lerme à l'œil.

Adieu, par qui du mal recueil
Mille fois plus que mot ne sonne;
Adieu, du monde la personne
Dont plus me loue et plus me dueil.
Adieu vous dy la lerme à l'œil.

IX. BALLADE.

Las! je me plains d'amours et de ma dame,
Et de mes yeulx dont j'ay veu sa beaulté;
Et oultre plus, je me plains d'une femme
Qui contre moy a le conseil donné

Dont j'ay dejà tant de mal enduré
Qu'il me fauldra, par deffaulte de joye,
Aller criant, comme tout forcené :
Je hez ma dame que tant aymer souloye.

Car se pitié son très doulx cueur n'entame
A me donner ce que j'ay desiré,
J'iray mourir, ainsi qu'ung homme infame,
Tout hors de sens et si desespéré
Qu'après ma mort il en sera parlé
Plus loin dix fois que d'icy en Savoye,
Et lors diray pour plus estre blasmé :
Je hez ma dame que tant aymer souloye.

Se je le dy, je jure sur mon ame
Que ce sera contre ma voulenté.
Je prye à Dieu qu'il n'y puist avoir ame
A celle fin qu'il ne soit raporté.
Car jasoit ce qu'elle m'ait courroucé
Tant qu'on peut plus, cent mille fois mourroye
Avant que j'eusse ne dit ne proferé :
Je hez ma dame que tant aymer souloye.

X. RONDEL.

Quelque chose qu'Amours ordonne,
Force m'est que vous habandonne
Pour pourchasser ailleurs mon bien ;
Car, sur ma foy, je congnois bien
Que vous m'estes pire que bonne.

Trop a de cueur qui vous en donne :
Pour ce jà Dieu ne me pardonne

Se vous avez jamais le mien,
Quelque chose qu'Amours ordonne.

Si n'aymeray je jà personne
Que vous, quoy que l'on me sermonne,
En tout ce monde terrien;
Mais maintenant je n'en fais rien,
Et sers selon qu'on me guerdonne.
Quelque chose qu'Amours ordonne,
Force m'est que vous habandonne.

XI. RONDEL.

Hahay! estes vous rencherie,
Dieux y ait part, puis devant hier?
Ma dame, c'est pour enrager!
Le faictes-vous par mocquerie?

Mais venez çà, je vous en prie :
Est le cuir devenu si cher?
Hahay! estes vous rencherie?

Et dea! et ne sçavez-vous mie
Que mon père est cordouennier?
Vous voulez bazanne priser
Plus que cordouen la moitié.
Hahay! estes-vous rencherie?

XII. RONDEL.

Au plus offrant ma dame est mise
Et dernier encherisseur.
Je ne sçay se c'est par honneur,
Mais je n'en prise pas la guise.

Elle m'avoit sa foy promise,
Mais je voy qu'elle a mis son cueur
  Au plus offrant.

Et pour ce je quitte la prinse
D'estre nommé son serviteur,
Car donner me porte malheur.
Ainsi j'ay laissé l'entreprise
  Au plus offrant.

XIII. RONDEL.

Entens à moy, vray dieu d'amours,
Et faiz que la mort ait son cours
  Hastivement,

Car j'ay mal employé mes jours.
Je meurs en aymant par amours
  Certainement.

Languir me fault en griefs doulours.

XIV. BALLADE
Pour ung prisonnier.

S'en mes maulx me peusse esjoyr
Tant que tristesse me feust joye
Par me doulouser et gemir,
Voulentiers je me complaindroye;
Car, s'au plaisir Dieu, hors j'estoye,
J'ay espoir qu'au temps advenir
A grant honneur venir pourroye
Une fois avant que mourir.

Pourtant, s'ay eu moult à souffrir
Par fortune, dont je larmoye,
Et que n'ay pas peu obtenir
N'avoir ce que je pretendoye,
Au temps advenir je vouldroye
Voulentiers bon chemin tenir
Pour acquerir honneur et joye
Une fois avant que mourir.

Sans plus loin exemple querir,
Par moy mesme juger pourroye
Que meschief nul ne peult fouyr,
S'ainsi est qu'advenir luy doye.
C'est jeunesse qui tout desvoye;
Nul ne s'en doit trop esbahyr.
Si juste n'est qui ne fourvoye
Une fois avant que mourir.

Prince, s'aucun povoir avoye
Sur ceulx qui me font cy tenir,
Voulentiers vengeance en prendroye
Une fois avant que mourir.

XV. RONDEL.

Comme moy vous aurez voz gages.
J'en fuz bien payé au partir :
Plain de dueil jusques au partir,
Ne sont-ce plaisans advantages ?

Servez amours entre vous sages :
Il vous en fera repentir;
Comme moy vous aurez vos gages.

Repeuz serez de doulx langaiges
Pour vous garder de departir.
Quant est à moy, j'en suys martir.
Bien tard congnoistrez telz ouvrages;
Comme moy vous aurez vos gages.

XVI. BALLADE.

Il n'est danger que de vilain,
N'orgueil que de povre enrichy,
Ne si seur chemin que le plain,
Ne secours que de vray amy,
Ne desespoir que jalousie,
N'angoisse que cueur convoiteux,
Ne puissance où il n'ait envie,
Ne chere que d'homme joyeulx;

Ne servir qu'au roy souverain,
Ne lait nom que d'homme ahonty,
Ne manger fors quant on a faim,
N'emprise que d'homme hardy,
Ne povreté que maladie,
Ne hanter que les bons et preux,
Ne maison que la bien garnie,
Ne chère que d'homme joyeulx;

Ne richesse que d'estre sain,
N'en amours tel bien que mercy,
Ne de la mort rien plus certain,
Ne meilleur chastoy que de luy;
Ne tel tresor que preudhommye,
. . . .
Ne paistre qu'en grant seigneurie,
Ne chère que d'homme joyeulx;

ENVOI.

Que voulez-vous que je vous die?
Il n'est parler que gracieulx,
Ne louer gens qu'après leur vie,
Ne chère que d'homme joyeulx.

XVII. BALLADE MORALE.

D'une dague forte et aigüe
Soit-il frappé parmy l'eschine,
Et ait tousjours une sansue
Attachée à sa poitrine,
Et attainct d'une coulevrine
Entre le nez et le menton,
Ou qu'en prison vive en famine,
Qui autruy blasme sans raison.

Son giste soit emmy la rue,
Tout nud quand il fera bruyne,
Sur pel de hericon pointue,
Couvert d'une clère estamine;
De vent de bise sa courtine,
Et soit mors d'ung escorpion,
Ou qu'en prison vive en famine,
Qui autruy blasme sans raison.

Sa chair soit detrenchée menue
Plus qu'au moulin n'est la farine,
Ou de gros nerfz soit bien batue,
Ou couche nud sur tas d'espine :
Et affin que plus tost il fine,
Son corps soit remply de po'son,

Ou qu'en prison vive en famine,
Qui autruy blasme sans raison.

ENVOI.

Prince, soit mis en la gehaine
Dix fois le jour comme ung larron,
Ou qu'en prison vive en famine,
Qui autruy blasme sans raison.

XVIII. BALLADE.

J'ay ung arbre de la plante d'amours,
Enraciné en mon cueur proprement,
Qui ne porte fruits, sinon de dolours,
Fueilles d'ennuy et fleurs d'encombrement;
Mais, puis qu'il fut planté premièrement,
Il est tant creu, de racine et de branche,
Que son umbre, qui me porte nuysance,
Fait au dessoubs toute joye seichier,
Et si ne puis, pour toute ma puissance,
Autre planter, ne celuy arrachier.

De si long-temps est arrosé de plours
Et de lermes tant douloureusement,
Et si n'en sont les fruits de rien meillours :
Ne je n'y truys guères d'amendement.
Je les recueill' pourtant soigneusement.
C'est de mon cueur l'amère soustenance,
Qui trop mieux fust en friche ou en souffrance
Que porter fruits qui le dussent blecier;
Mais pas ne veult l'amoureuse ordonnance,
Autre planter, ne celuy arrachier.

S'en ce printemps, que les feuilles et flours
Et arbrynceaux percent nouvellement,
Amours vouloit moy faire ce secours,
Que les branches qui font empeschement
Il retranchast du tout entierement,
Pour y enter ung rynceau de plaisance,
Il gecteroit bourgeons de souffisance ;
Joye en istroit, dont il n'est rien plus chier;
Et ne fauldroit jà, par desesperance,
Autre planter, ne celuy arrachier.

ENVOI.

Ma princesse, ma première esperance,
Mon cueur vous sert en dure penitence.
Faictes le mal qui l'acqueult retranchier,
Et ne souffrez en vostre souvenance
Autre planter, ne celuy arrachier.

XIX. BALLADE.

Plaisant assez, et des biens de fortune
Ung peu garny, me trouvay amoureux,
Voire si bien, que, tant aymay fort une,
Que nuit et jour j'en estois langoureux.
Mais tant y a, que je fus si heureux
Que, moyennant vingt escus à la rose,
Je fis cela que chacun bien suppose.
Alors je dis, connoissant ce passage :
« Au fait d'amours, babil est peu de chose ;
Riche amoureux a tousjours l'advantage. »

Or est ainsy que, durant ma pecune,
Je fus traité comme amy precieux ;
Mais, tost après, sans dire chose aucune,

Cette vilaine alla jetter les yeulx
Sur un vieillard riche, mais chassieux,
Laid et hideux trop plus qu'on ne propose.
Ce neantmoins, il en jouit sa pose,
Dont moy, confus, voyant un tel ouvrage,
Dessus ce texte allay bouter en glose :
Riche amoureux a tousjours l'advantage.

   Or elle a tort, car noyse ny rancune
N'eut onc de moy. Tant lui fus gracieux,
Que, s'elle eust dit : « Donne-moy de la lune »
J'eusse entrepris de monter jusqu'aux cieulx;
Et, nonobstant, son corps tant vicieux
Au service de ce vieillard expose.
Dont, ce voyant, un rondeau je compose,
Que luy transmets ; mais, en pou de langage,
Me respond franc : « Povreté te depose :
Riche amoureux a tousjours l'advantage ! »

ENVOI.

   Prince tout bel, trop mieux parlant qu'Orose,
Si vous n'avez toujours bourse desclose,
Vous abusez : car Meung, docteur très sage,
Nous a descrit que, pour cueillir la rose,
Riche amoureux a tousjours l'advantage.

XX. BALLADE.

   Qui en amours veut estre heureux,
Faut tenir train de seigneurie,
Estre prompt et advantureux
Quand vient à monstrer l'armarie :
Porter drap d'or, orfaverie,
Car cela les dames esmeut.

Tout sert; mais, par saincte Marie!
Il ne fait pas ce tour qui veult.

Je fus naguères amoureux
D'une dame cointe et jolie,
Qui me dit, en mots gracieux :
« Mon amour est en vous ravie;
Mais il faut qu'el soit desservie
Par cinquante escus d'or, s'on peut.
— Cinquante escus! Bon gré ma vie!
Il ne fait pas ce tour qui veult. »

Alors luy donnay sur les lieux
Où elle feisoit l'endormie :
Quatre venues, de cœur joyeux,
Luy fis en moins d'heure et demie.
Lors me dit, à voix espasmie :
« Encore un coup! le cœur me deult.
— Encore un coup! Hélas! m'amye,
Il ne fait pas ce tour qui veult! »

ENVOI.

Prince d'amours, je te supplie,
Si plus ainsi elle m'accuelt,
Que ma lance jamais ne plie :
Il ne fait pas ce tour qui veult!

XXI. BALADE JOYEUSE DES TAVERNIERS.

D'ung gect de dart, d'une lance asserée,
D'ung grant faussart, d'une grosse massue,
D'une guisarme, d'une flèche ferrée,
D'ung bracquemart, d'une hache esmolue,
D'ung grand penart et d'une bisagüe,

D'ung fort espieu et d'une saqueboute ;
De maulx briguans puissent trouver tel route
Que tous leurs corps fussent mis par morceaulx,
Le cueur fendu, desciré par monceaulx,
Le col couppé d'ung bon branc acherin,
Descirez soient de truye et de pourceaulx
Les taverniers qui brouillent nostre vin.

D'ung arc turcquois, d'une espée affilée
Ayent les paillars la brouaille cousue,
De feu gregoys la perrucque bruslée,
Et par tempeste la cervelle espandue,
Au grand gibet leur charongne pendue,
Et briefvement puissent mourir de goutte,
Ou je requiers et pry que l'on leur boute
Parmy leur corps force d'ardans barreaulx ;
Vifs escorchez des mains de dix bourreaulx,
Et puis bouillir en huille le matin,
Desmembrez soient à quatre grans chevaux,
Les taverniers qui brouillent nostre vin.

D'un gros canon la tête escarbouillée
Et de tonnerre acablez en la rue
Soient tous leurs corps, et leur chair dessirée,
De gros mastins bien garnye et pourvue,
De forz esclers puissent perdre la veue,
Neige et gresil tousjours sur eux degoutte,
Avecques ce ilz aient la pluye toute
Sans que sur eux ayent robbes ne manteaulx,
Leurs corps trenchez de dagues et couteaulx,
Et puis traisnez jusques en l'eau du Rin ;
Desrompuz soient à quatre-vingts marteaulx
Les taverniers qui brouillen nostre vin.

Prince, de Dieu soient maulditz leurs boyaulx,
Et crever puissent par force de ven'n
Ces faulx larrons, maulditz et desloyaulx,
Les taverniers qui brouillent nostre vin.

XXII. S'ENSUIT

LE MONOLOGUE

DU

FRANC ARCHIER DE BAIGNOLLET

AVEC SON EPITAPHE.

C'est à meshuy! J'ay beau corner!
Or ça, il s'en fault retourner,
Maulgré ses dentz, en sa maison
Si ne vis-je pieça saison
Où j'eusse si hardy couraige
Que j'ay! Par la morbieu! j'enraige
Que je n'ay à qui me combatre...
Y a-il homme qui à quatre,
Dy-je, y a-il quatre qui vueillent
Combatre à moy? Se tost recueillent
Mon gantelet; vela pour gaige!
Par le sang bieu! je ne crains paige,
S'il n'a point plus de quatorze ans.
J'ay autresfoys tenu les rencz,
Dieu Mercy! et gaigné le prix
Contre cinq Angloys que je pris,

Povres prisonniers desnuez,
Si tost que je les euz ruez.
Ce fust au siège d'Alençon.
Les troys se misrent à rançon,
Et le quatriesme s'enfuyt.
Incontinent que l'autre ouyt
Ce bruit, il me print à la gorge.
Se je n'eusse crié : Sainct George!
Combien que je suys bon Françoys,
Sang bieu! il m'eust tué ançoys
Que personne m'eust secouru.
Et quand je me senty feru
D'une bouteille, qu'il cassa
Sur ma teste : « Venez ça, ça!
Dis-je lors. Que chascun s'appaise!
Je ne quiers point faire de noise,
Ventre bieu! et buvons ensemble.
Posé soit ores que je tremble,
Sang bieu! je ne vous crains pas maille. »

Cy dit ung quidem, par derrière les gens :
Coquericoq.

Qu'esse cy? J'ay oüy poullaille
Chanter chez quelque bonne vieille;
Il convient que je la resveille.
Poullaille font icy leurs nidz!
C'est du demourant d'Ancenys,
Par ma foy! ou du Champ-Toursé...
Helas! que je me vis coursé
De la mort d'ung de mes nepveux!
J'euz d'ung canon par les cheveux,
Qui me vint cheoir tout droit en barbe;

Mais je m'escriay : « Saincte Barbe !
Vueille-moy ayder à ce coup,
Et je t'ayderay l'autre coup ! »
Adonc le canon m'esbranla,
Et vint ceste fortune-là
Quand nous eusmes le fort conquis.
Le Baronnet et le Marquis,
Craon, Cures, l'Aigle et Bressoire,
Accoururent pour veoir l'histoire ;
La Rochefouquault, l'Amiral,
Aussi Beuil et son attirail,
Pontièvre, tous les capitaines,
Y deschaussèrent leurs mitaines
De fer, de paour de m'affoler,
Et si me vindrent acoler
A terre, où j'estoye meshaigné,
De paour de dire : « Il n'a daigné ! »
Combien que je fusse malade,
Je mis la main à la salade,
Car el m'estouffoit le visaige.
« Ha ! dist le Marquis, ton oultraige
Te fera une foys mourir ! »
Car il m'avoit bien veu courir,
Oultre l'ost, devant le chasteau.
Hélas ! j'y perdy mon manteau,
Car je cuidoye d'une poterne
Que ce fust l'huys d'une taverne.
Et moy tantost de pietonner,
Car, quand on oyt clarons sonner,
Il n'est courage qui ne croisse.
Tout aussitost : « Où esse ? Où esse ? »
Et, à brief parler, je m'y fourre,
Ne plus ne moins qu'en une bourre.
Si ce n'eust esté la brairie

Du costé devers la prairie,
De nos gens, qui crioient trestous,
Disant : « Pierre, que faictes-vous?
N'assaillez pas la basse court
Tout seul! » je l'eusse prins tout court,
Certes; mais c'eust esté outraige.
Et se ce n'eust esté ung paige
Qui nous vint trencher le chemin,
Mon frère d'armes Guillemin
Et moy, Dieu lui pardoint, pourtant!
Car, quoy? il nous en pend autant
A l'œil, eussions, sans nulle faille,
Frappé au travers la bataille
Des Bretons; mais nous apaisames
Nos couraiges et recullames...
Que dy-je? non pas reculer,
Chose dont on ne doibt parler...
Ung rien, jusque au Lyon d'Angiers.
Je ne craignoye que les dangiers,
Moy; je n'avoye paour d'aultre chose.
Et quand la bataille fut close,
D'artillerie grosse et gresle
Vous eussez ouy, pesle-mesle :
Tip, tap, sip, sap, à la barrière,
Aux esles, devant et derrière.
J'en eus d'ung parmy la cuirace.
Les dames qu'estoient en la place
Si ne craignoyent que le couillart.
Certes, j'estoye ung bon paillart;
J'en avoye ung si portatif,
Se je n'eusse esté si hastif
De mettre le feu en la pouldre,
J'eusse destruit et mis en fouldre
Tout quanqu'avoit de damoiselles.

Il porte deux pierres jumelles,
Mon couillart : jamais n'en a meins.
Et dames de joindre les mains,
Quand ilz virent donner l'assault.
Les ungs se servoyent du courtault
Si dru, si net, si sec que terre.
Et puis, quoy ? parmy ce tonnerre,
Eussez ouy sonner trompilles,
Pour faire dancer jeunes filles
Au son du courtault, haultement.
Quand j'y pense, par mon serment !
C'est vaine guerre qu'avec femmes ;
J'avoye toujours pitié des dames.
Veu qu'ung courtault tresperce ung mur,
Ilz auroyent le ventre bien dur,
S'il ne passoit oultre... Pensez
Qu'on leur eust faict du mal assez,
Se l'en n'eust eu noble couraige ;
Mesmes ces pehons de villaige,
J'entens pehons de plat pays,
Ne se fussent point esbahis
De leur mal faire ; mais nous sommes
Tousjours, entre nous gentilz hommes,
Au guet dessus la villenaille.
J'estoye pardeça la bataille,
Tousjours la lance ou la bouteille
Sur la cuisse : c'estoit merveille,
Merveille de me regarder.
Il vint ung Breton estrader,
Qui faisoit rage d'une lance ;
Mais il avoit, de jeune enfance,
Les reins rompus ; c'estoit dommaige.
Il vint tout seul, par son oultraige,
Estrader par mont et par val ;

Pour bien pourbondir ung cheval
Il faisoit feu et voire flambe.
Mais je lui trenchay une jambe,
D'ung revers, jusques à la hanche;
Et fis ce coup-là ung dimenche,
Que dy-je? ung lundy matin.
Il ne s'armoit que de satin,
Tant craignoit à grever ses reins.
Voulentiers frappoit aux chanfrains
D'ung cheval, quand venoit en jouste,
Ou droit à la queue, sans doubte.
Point il ne frappoit son roussin,
Pource qu'il avoit le farcin,
Que d'ung baston court et noailleux,
Dessus sa teste et ses cheveulx,
De paour de le faire clocher.
Aussi, de paour de tresbucher,
Il alloit son beau pas, *tric, trac,*
Et ung grant panon de bissac
Voulentiers portoit sur sa teste.
D'ung tel homme fault faire feste
Autant que d'ung million d'or.
Gens d'armes! c'est ung grant tresor;
S'il vault riens il ne fault pas dire.
J'ay fait raige avecques La Hire :
Je l'ay servy trestout mon aage.
Je fus gros vallet, et puis page,
Archier, et puis je pris la lance,
Et la vous portoye sur la panse,
Tousjours troussé comme une poche.
Et puis, monseigneur de la Roche,
Que Dieu pardoint, me print pour paige.
J'estoye gent et beau de visaige,
Je chantoye et brouilloye des flustes,

Et si tiroye entre deux butes.
A brief parler, j'estoye ainsi
Mignon comme cest enfant-cy ;
Je n'avoys pas gramment plus d'aage...
Or ça, ça, par où assauldray-je
Ce cocq que j'ay ouy chanter ?
A peu besongner bien vanter ;
Il fault assaillir cest hostel.

Adonc apperçoit le Franc Archier un espoventail de chenevière, faict en façon d'ung gendarme, croix blanche devant et croix noire derrière, en sa main tenant une arbaleste.

(A part.)

Ha ! le Sacrement de l'autel !
Je suis affoibly ! Qu'esse-cy ?

(A l'espoventail.)

Ha ! Monseigneur, pour Dieu, mercy !
Hault le trait, qu'aye la vie franche !
Je voy bien, à vostre croix blanche,
Que nous sommes tout d'ung party.

(A part.)

D'ond, tous les diables ! est-il sorty,
Tout seul et ainsi effroyé ?

(A l'espoventail.)

Comment ! Estes-vous desvoyé ?
Mettez jus, je gage l'amende.
Et, pour Dieu, mon amy, desbende
Au hault ou au loing ton baston !

Adonc il advise sa croix noire.

Par le sang bieu! c'est ung Breton,
Et je dy que je suis Françoys!...
Il est fait de toy, ceste fois,
Perrenet; c'est ung parti contraire!

(A l'espoventail.)

Hen, Dieu! et où voulez-vous traire?
Vous ne sçavez pas que vous faictes.
Dea! je suis Breton, si vous l'estes.
Vive sainct Denis ou sainct Yve!
Ne m'en chault qui, mais que je vive!
Par ma foi! Monseigneur mon maistre,
Se vous voulez sçavoir mon estre,
Ma mère fut née d'Anjou,
Et mon père je ne sçay d'où,
Sinon que j'ouy reveler
Qu'il fut natif de Lantriquer.
Comment sçauray-je vostre nom?
Monseigneur Rollant, ou Yvon,
Mort seray quand il vous plaira!

(A part.)

Et comment! il ne cessera
Meshuy de me persecuter,
Et si ne me veult escouter!

(A l'espoventail.)

En l'honneur de la Passion
De Dieu, que j'aye confession,
Car je me sens jà fort malade!
Or, tenez, velà ma salade,
Qui n'est froissée ne couppée;

Je la vous rens, et mon espée,
Et faictes prier Dieu pour moy.
Je vous laisse, sur vostre foy,
Ung vœu que je doibs à sainct Jacques.
Pour le faire, prendrez mon jacques,
Et ma ceinture et mon cornet.

(A part.)

Tu meurs bien maulgré toy, Pernet,
Voire maulgré toi et à force!

(Au public.)

Puis qu'endurer fault et à force,
Priez pour l'ame, s'il vous plaist,
Du Franc Archier de Baignolet,
Et m'escripvez, à ung paraphe,
Sur moy ce petit epitaphe :

Cy gist Pernet le Franc Archier,
Qui cy mourut sans desmarcher,
Car de fuyr n'eut onc espace,
Lequel Dieu, par sa saincte grace,
Mette ès cieulx, avecques les ames
Des francs archiers et des gens d'armes,
Arrière des arbalestriers.
Je les hay tous : ce sont meurdriers!
Je les congnois bien de pieça.
Et mourut l'an qu'il trespassa.

Velà tout ; les mots sont très beaux.
Or, vous me lairrez mes houseaulx,
Car, se j'alloye en paradis
A cheval, comme fist jadis
Sainct Martin, et aussi sainct George,

J'en seroye bien plus prest... Or je
Vous laisse gantelet et dague :
Car, au surplus, je n'ay plus bague
De quoy je me puisse deffendre.

(A l'espouventail.)

Attendez! me voulez-vous prendre
En desaroy? Je me confesse
A Dieu, tandis qu'il n'y a presse,
A la Vierge et à tous sainctz.

(A part.)

Or meurs-je les membres tous sains
Et tout en bon point, ce me semble.
Je n'ay mal, sinon que je tremble
De paour et de malle froidure,
Et de mes cinq sens de nature...
Cinq cens! Où prins, qui ne les emble?
Je n'en veiz onc cinq cens ensemble,
Par ma foy! n'en or, n'en monnoye.
Pour néant m'en confesseroye :
Oncques ensemble n'en veiz deux.
Et de mes sept pechez morteux
Il fault bien que m'en supportez :
Sur moy je les ay trop portez;
Je les metz jus, avec mon jacques.
J'eusse attendu jusques à Pasques,
Mais vecy ung advancement.
Et du premier commendement
De la Loy, qui dit qu'on doibt croire
(Non pas l'estoc quand on va boire,
Cela s'entend) en ung seul Dieu,
Jamais ne me trouvay en lieu
Où j'y creusse mieulx qu'à ceste heure,
Mais qu'à ce besoing me sequeure.

(A l'espoventail.)

Ne desbendez? Je ne me fuys!

(A part.)

Hélas! je suis mort où je suis.
Je suis aussi simple, aussi coy
Comme une pucelle; car, quoy
Dit le second commendement?
Qu'on ne jure Dieu vainement.
Non ay-je en vain, mais très ferme,
Ainsi que fait ung bon genderme,
Car il n'est rien craint, s'il ne jure.
Le tiers nous enjoingt et procure,
Et advertist et admoneste,
Que l'en doit bien garder la feste,
Autant en hyver qu'en esté :
J'ay tousjours voulentiers festé,
De ce ne mentiray-je point;
Et le quatriesme nous enjoint
Qu'on doit honnorer père et mère :
J'ay tousjours honoré mon père,
En moy congnoissant gentilhomme
De son costé, combien qu'en somme
Sois villain et de villenaille.

(A l'espoventail.)

Et, pour Dieu, mon amy, que j'aille
Jusques amen; misericorde!
Relevez ung peu vostre corde;
Ferez que le traict ne me blesse.

(A part.)

Item, morbieu! je me confesse
Du cinquiesme, sequentement :

Deffend-il pas expressément
Que nul si ne soit point meurtrier?

(A l'espoventail.)

Las! Monseigneur l'arbalestrier,
Gardez bien ce commendement;
Quant est à moy, par mon serment,
Meurdre ne fis onc qu'en poulaille.

(A part.)

L'aultre commendement nous baille
Qu'on n'emble rien; ce ne fis oncque,
Car en lieu n'en place quelconque
Je n'euz loysir de rien embler.
J'ay assez à qui ressembler
En ce point; je n'ay point meffait,
Car, se l'en m'eust pris sur le fait,
Dieu scet comme il me fust mescheu!

Cy laisse tomber à terre l'espoventail, celluy qui le tient.

(A l'espoventail.)

Las! monseigneur! vous estes cheu!...
Jésus! et qui vous a bouté,
Dictes? Ce n'ay-je pas esté,
Vrayement, ou diable ne m'emporte,
Au cas, dictes? Je m'en rapporte
A tous ceulx qui sont cy, beau sire,
Affin que ne vueillez pas dire
Que c'est demain ou pour demain.
Au fort, baillez-moy vostre main,
Je vous ayderay à lever.
Mais ne me vueillez pas grever:
J'ai pitié de vostre fortune.

*Cy apperçoyt le Franc Archier, de l'espoventail, que
ce n'est pas ung homme.*

Par le corps bieu! j'en ay pour une!
Il n'a pié ne main; il ne hobe;
Par le corps bieu! c'est une robe
Plaine, de quoy? charbieu! de paille!
Qu'esse-cy? morbieu! on se raille,
Ce cuiday-je, des gens de guerre...
Que la fièvre quartaine serre
Celluy qui vous a mis icy!
Je le feray le plus marry,
Par la vertu bieu! qu'il fut oncques.
Se mocque on de moy quelconques?
Et ce n'est, j'advoue sainct Pierre!
Qu'espoventail de chenevière,
Que le vent a cy abatu!...
La mort bieu! vous serez batu,
Tout au travers, de ceste espée...
Quand la robbe seroit couppée,
Ce seroit ung très grand dommaige.
Je vous emporteray pour gaige,
Toutesfoys, après tout hutin.
Au fort, ce sera mon butin,
Que je rapporte de la guerre.
On s'est bien raillé de toi, Pierre,
La charbieu saincte et beniste!
Vous eussiez eu l'assault bien viste,
Se j'eusse sceu vostre prouesse :
Vous eussiez tost eu la renverse,
Voir, quelque paour que j'en eusse.
Or pleust à Jésus que je fusse,
A tout cecy, en ma maison!

Qu'il poise! Mengié a foison
De paille : elle chiet par derrière.
C'est paine pour la chamberière,
De la porter hors de ce lieu.

    (Au public.)

Seigneurs, je vous commande à Dieu;
Et se l'on vous vient demander
Qu'est devenu le Franc Archier,
Dictes qu'il n'est pas mort encor,
Et qu'il emporte dague et cor,
Et reviendra par cy de brief.
Adieu ; je m'en vois au relief.

Fin du monologue du Franc archier
de Baignollet.

XXIII.

DIALOGUE

DE MESSIEURS

DE MALLEPAYE ET DE BAILLEVENT.

M. Hée, Monsieur de Baillevent! B. Quoy
De neuf? M. On nous tient en aboy,
Comme despourveuz, malureux.
B. Si j'avoye autant que je doy,
Sang bieu! je seroye chez le Roy,
Un page après moy! M. Voire deux!

B. Nous sommes francs... M. Adventureux.
B. Riches. M. Bien aises B. Plantureux.
M. Voire, de souhaits. B. C'est assez.
M. Gentilz hommes. B. Hardis. M. Et preux.
B. Par l'huys. M. Du joly Souffreteux
Heritiers. B. De gaiges cassez.

M. Nous sommes, puis troys ans passez
Si minces. B. Si mal compassez.
M. Si simples. B. Legiers comme vent.

M. Si esbaudiz. B. Si mal pansez,
De donner pour Dieu dispensez,
Car nous jeusnons assez souvent.

M. Hée, monsieur de Baillevent,
Qui peult trouver, soubz quelque amant,
Deux ou troys mille escus, quel proye!
B. Nous ferions bruyt. M. Toutallement.
B. Le quartier en vault l'arpent,
Pardieu! Monsieur de Mallepaye!

M. J'escripz contre ces murs. B. Je raye,
Puis de charbon et puis de craye.
M. Je raille. B. Je fays chère à tous.
M. Nous avons beau coucher en raye,
L'oreille au vent, la gueulle baye,
On ne faict point prochas de nous.

B. Helas! serons-nous jamais soulx?
M. Il ne fault que deux ou trois coups
Pour nous remonter. B. Doux. M. Droictz.
   B. Druz.
M. Pour fringuer. B. Pour porter le houx.
M. Gens... B. A dire : D'ond venez-vous?
M. Francs. B. Fins. M. Froidz. B. Forts.
  M. Grans. B. Gros. M. Escreuz.

B. De serjens sommes tous recreux,
Et si n'avons nulz bien acreuz.
M. Nous debvons. B. On nous doibt.
   M. Fourraige.
B. Entretenus. M. Comme poux creux.
B. Jurons sang bieu, nous serons creuz :
Arrière, piettons de village!

M. Ne suis-je pas beau personnaige?
B. J'ay train de seigneur. M. Pas de saige.
B. Ressourdant. M. Comme bel alun.
B. Pathelin en main. M. Dire raige.
B. Et, par la mort bieu! c'est dommaige,
Que ne mettons vilains en run.

M. Hée! cinq cens escus! B. C'est esgrun.
M. Quand j'en ay j'en offre à chascun,
Et suis bien aise quand j'en preste.
B. Mes rentes sont sur le commun;
M. Mais povres gens n'en ont pas ung;
B. J'y romproye pour néant la teste.

M. S'il povoyt venir quelque enqueste,
Quelque mandement ou requeste,
Ou quelque bonne commission!
B. Mais en quelque banquet honneste,
Faire accroire à cest ou à ceste
La Pragmatique Sanction!

M. Et si elle y croit? B. Promision.
M. Se elle promet? B. Monition.
M. Se on l'admoneste? B. Qu'on marchande.
M. Se on faict marché? B. Fruiction.
M. Se on fruict? B. La Petition
En façon de belle demande

D'ung beau cent escus. M. Quelle viande!
B. Qui l'auroit quand on la demande,
On feroit... M. Quoi? B. Feu. M. Sainct
      Jehan, voire!
B. On tauxeroit bien grosse amende

Sur le faict de ceste demande,
Se j'en quictoye le petitoire.

M. Quel bien! B. Quel heur! M. Quel accessoire!
B. Je me raffroichiz la memoire
Quand il m'en souvient. M. Quel plaisir!
B. Se on nous bailloit par inventoire
Deux mil escuz en une armoire,
Ilz n'auroient garde d'y moysir.

M. Qui peut prendre! B. Qui peut choisir!
M. Gaigner! B. Espargner! M. Se saisir!
Nous serions partout bienvenuz.
B. Ung songe! M. Mais quel? B. De plaisir.
M. Nous prendrons si bien le loisir
De compter ne sçay quantz escuz.

B. Nous sommes bien entretenuz.
M. Aymez. B. Portez. M. Et soustenuz...
B. De nos parens. M. De bonne race.
B. Rentes assez et revenuz,
Et s'à présent n'en avons nulz,
Ce n'est que malheur qui nous chasse.

M. Je n'en fais compte. B. Je raimasse.
M. Je volle par coups. B. Je tracasse,
Puis au poil et puis à la plume.
M. Je gaudis, et si je rimasse,
Que voulez-vous! Il ne tient qu'à ce
Que je ne l'ay pas de coustume.

B. D'honneur assez. M. Chascun en hume.
B. Je destains le feu. M. Je l'allume.

B. Je m'esbas. M. Je passe mon dueil.
B. Le plus souvent, quand je me fume,
Je batteroye comme fer d'enclume,
Si je me trouvoye tout seul.

M. Je ris. B. Je bave sur mon sueil.
M. Je donne à quelqu'une ung guin d'œil.
B. Je m'esbas à je ne sçay quoy.
M. J'entretiens. B. Je fais bel accueil.
M. On me fait tout ce que je vueil,
Quand nous sommes mon paige et moy.

B. Je ne demande qu'avoir dequoy,
Belle amye, et vivre à requoy,
Faire tousjours bonne entreprise,
Belles armes, loyal au Roy.
M. Mais trois poulx rempans en aboy
Pour le gibier de la chemise!

B. Je porteroye pour ma devise
La marguerite en or assise
Et le houx partout estandu.
M. Vostre cry, quel? B. Nouvelle guise.
M. Riens en recepte, tant en mise,
Et, toute somme, item perdu.

B. Je vous seroye, au residu,
Gorgias sur le hault verdi
Le bel estomac d'alouette.
M. Robbe! B. De gris blanc, gris perdu,
Bien emprunté et mal rendu,
Payé d'une belle estiquette.

M. Puis la chaine d'or, la baguette,

Le lacqs de soye, la cornette...
B. De velours. M. C'est bel affiquet.
B. Quand nous aurions fait nostre emplète,
La porte seroit bien estroicte
Se ne passions jusqu'au ticquet.

M. Nectelet. B. Gorgias. M. Friquet.
B. De vert? M. Tousjours quelque bouquet.
B. Selon la saison de l'année.
M. Et de paige? B. Quelque naquet.
M. S'il vient hasart en ung banquet?
B. Le prendre entre bond et vollée.

M. Aux survenans? B. Chère meslée.
M. Aux povres duppes? B. La havée.
M. Et aux rustes? B. Le jobelin.
M. Aux mignons de court? B. L'accollée.
M. Aux gens de mesmes? B. La risée.
M. Et aux ouvriers? B. Le pathelin.

M. D'entretenir? B. Damoiselin.
M. Et saluer? B. Bas comme lin.
M. Et diviser? B. Motz tous nouveaulx.
Pour contenter le femynin.
Nous ferions plus d'ung esclin
Qu'ung aultre de quinze royaulx.

M. Hée, cueurs joyeux! B. Hée, cueurs
   loyaulx!
M. Prests. B. Prins. M. Prompts. B. Preux.
   M. Especiaulx.
B. Aymez. M. Supportez. B. Bien receuz.
M. Nous devrions passer aux sceaulx

Envers les officiers royaulx,
Comme messieurs les despourveuz.

B. De congnoissance bien pourveuz
Et de sagesse. M. On nous a veuz
Si gentilz et si francs. B. Si doulx.
M. Helas! cent escuz nous sont deubz.
B. Au fort, si nous les eussions euz,
On en tint plus compte de nous.

M. Nous avons faict plaisir à tous.
B. Chère à dire : D'ond venez-vous?
M. Esmerillonnez. B. Advenans.
M. Cent escus, et juger des coups.
On auroit beau mettre aux deux bouts,
Se nous ne tenions des gaignans.

B. Nous sommes deux si beaulx gallans.
M. Fringans. B. Bruyans. M. Allans. B.
M. Esmeuz de franche volunté. [Parlans.
B. Aagez de sens. M. Et jeunes d'ans.
B. Bien gays. M. Assez rescéans.
B. Povres d'argent. M. Prou de santé.

B. Chascun de nous est habité.
M. Maison à Paris. B. Bien monté,
Aussi bien aux champs qu'en la ville.
M. Il y a ceste malheurté
Que de l'argent qu'avons presté
Nous n'en arrons ne croix ne pille.

B. Où sont les cens et deux cens mille
Escus que nous avions en pile,

Quand chascun avoit bien du sien?
M. Au fort, se nous n'en avons mille,
Nous sommes, selon l'Évangile,
Des bienheureux du temps ancien.

B. J'aymasse mieulx qu'il n'en fust rien.
M. Trouvons en par quelque moyen.
B. Qui en a à present? M. Je ne sçay.
B. Hé, ung engin parisien....
M. Art lombard. B. Franc praticien,
Pour faire à present ung essay!

M. Je vis le temps que j'avançay
L'argent de chose, et adressay
Tel et tel et tel benefice.
B. Et, pour moy, quand je compassé
Monseigneur tel, et pourchassé
Moy mesmes tout seul son office.

M. J'estois tousjours à tous propice;
Mais je crains. B. Et quoy? M. Qu'avarice
Nous surprint, si devenions riches.
B. Riches, quoi! Ceste faulce lisse,
Pouvreté, nous tient en sa lice.
M. C'est ce qui nous faict estre chiches.

B. Nous sommes legiers. M. Comme biches.
B. Rebondis... M. Comme belles miches.
B. Et fraysés... M. Comme beaulx ongnons.
B. Aussi coustelez. M. Comme chiches.
B. Adventureux. M. Comme Suysses
A Nancy, sur les Bourguygnons.

B. Entre les gallans. M. Compaignons.

B. Entre les gorgias. M. Mignons.
B. Entre gens d'armes. M. Courageux.
B. S'on barguigne. M. Nous barguignons.
B. Heureulx. M. Comme beaux champi-
Mis sus en ung jour ou en deux.   [gnons.

B. Nous sommes les adventureux
Despourveuz. M. D'argent. B. Plantureux.
M. De nouvelles plaisantes. B. Tant.
M. Pour servir princes. B. Curieux.
M. Et pour les mignons. B. Gracieux.
M. Et pour le commun. B. Tant à tant.

M. Hée, monsieur de Baillevent,
Quand reviendra le bon temps?
B. Quand chascun aura ses souhaits.
M. Cent mille escus argent comptant,
Sur ma foy, je seroye content
Qu'on ne parlast plus que de paix.

B. Nous sommes si francs. M. Si parfaits.
B. Si sçavans. M. Si cauts en nos faiz.
B. Si bien nez. M. Si preux. B. Si hardis.
M. Saiges. B. Subtilz. M. Advisez. B. Mais
Faulte d'argent et les grans prestz...
M. Nous ont ung peu appaillardis.

B. Abandonnez. M. Comme hardis.
B. Requis. M. Comme les gras mardis.
B. Et fiers. M. Comme ung beau pet en
            baing.
B. J'ay dueil que vieulx villains tarnys

Soient d'or et d'argent si garnis,
Et mignons en ont tant besoing.

M. Nous avons froid. B. Chauld. M. Faim.
      B. Soif M. Soing.
B. Nous tracassons. M. Çà. B. Là. M. Près.
      B. Loing.
M. Sans prouffit. B. Sans quelque advan-
      taige.
M. Mais, s'on nous fonçoit or au poing,
Nous serions pour faire à ung coing
Nostre prouffit d'aultruy dommage.

Avez-vous tousjours l'heritaige
De Baillevent? B. Ouy. M. J'enraige
Qu'en Mallepaye n'a vins, blez, grains.
B. Cent francs de rente et ung fromaige,
Vous m'orriez dire de couraige :
Vive le roy! M. Ronfflez, villains!

B. Qui a le vent? M. Joyeulx mondains.
B. Gré de dames? M. Amoureux craints.
B. Et l'argent, qui? M. Qui plus embource.
B. Qu'est-ce d'entre nous courtissains?
M. Nous prenons escus pour douzains,
Franchement, et bourse pour bource.

B. Ha! Monseigneur! M. Sang bieu, la
      mousse
M'a trop cousté. B. Et pourquoy? M. Pource.
B. Hay! hay! tout est mal compassé.
M. Comment? B. On ne joue plus du poulce.
M. Qui ne tire. B. Quicte la trousse;
Autant vauldroit ung arc cassé.

M. Monsieur mon pere eust amassé
Plus d'escus qu'on eust entassé
En ung hospital de vermine.
B. Mais nous avons si bien sassé,
Le sang bieu! que tout est passé,
Gros et menu, par l'estamyne.

M. Si vient guerre, mort ou famine,
Dont Dieu nous gard, quel train, quel myne
Ferons nous pour gaigner le broust?
B. Quant à moy, je me determine
D'entrer chez voisin et voisine
Et d'aller voir si le pot bout.

M. Mais regardons, à peu de coust,
Quel train nous viendroit mieulx à goust
Pour amasser biens et honneurs.
B. Le meilleur est prendre partout.
M. De rendre, quoy? B. On s'en absoult,
Pour cinq solz, à ces pardonneurs.

M. Allons servir quelques seigneurs.
B. Aucuns sont si petitz d'honneurs
Qu'on n'y a que peine et meschance.
M. Et prouffit, quel? B. Selons les heurs;
Mais entre nous, fins estradours,
Il nous fault esplucher la chance.

M. Servons marchans pour la pitance,
Pour *fructus ventris*, pour la pance.
B. On y gaigneroit ses despens.
M. Et de foncer? B. Bonne asseurance,
Petite foy, large conscience;
Tu n'y scez riens et y aprens.

M. De procès, quoy? B. Si je m'y rens,
Je veulx estre mis sur les rangs,
S'ilz ont argent, si je n'en crocque.
M. Quels gens sont-ce? B. Gros marche-
Qui se font bien servir des gens; [sens,
Mais de payer, querez qui bloque!

M. Officiers, quoi? C'est toute mocque :
L'ung pourchasse, l'autre desroque,
Et semble que tout soit pour eulx.
B. Laissons-les là. M. Ho! je n'y tocque.
Il n'est point de pire defroque
Que de malheur à malheureux.

B. Pour despourveuz adventureux
Comme nous, encor c'est le mieulx
De faire l'ost et les gens d'armes.
M. En fuite je suis couraigeux.
B. Et à frapper? M. Je suis piteux;
Je crains trop les coups, pour les armes.

B. Servons donc Cordeliers ou Carmes,
Et prenons leurs bissacs à fermes,
Car il n'y a pas grand debit.
M. Ilz nous prescheroient en beaulx termes,
Et pleureroyent maintes lermes
Devant que nous prinssions l'habit.

B. Se en cest malheur et labit
Nous mourions, par quelque acabit,
Ame n'y a qui bien nous face.
M. J'ay ung vieil harnoys qu'on forbit,

Sur lequel je fonde ung obit,
Et du surplus, Dieu le parface!

B. Hée, fault-il que Fortune efface
Nostre bon bruyt? M. Malheur nous chasse;
Mais il n'a nul bien qui n'endure. [trasse.
B. Prenons quelque train. M. Suyvons
B. Nous trassons, et quelqu'un nous trasse :
A loups ravis grosse pasture.

M. Allons! B. Mais où? M. A l'adventure.
B. Qui nous admoneste? M. Nature.
B. Pour aller? M. Où on nous attend.
B. Par quel chemin? M. Par soing ou cure.
B. Logez où? M. Près de la clousture
De monsieur d'Angoulevent.

B. Comment yrons? M. Jusqu'à Claqdent
. . . .
Et passerons par Mallepaye.
B. Brief, c'est le plus expedient
Que nous jetons la plume au vent :
Qui ne peult mordre, si abaye.

M. Où ung franc couraige s'employe,
Il treuve à gaigner. B. Querons proye.
M. Desquelz serons-nous? B. Des plus forts.
M. Il ne m'en chault, mais que j'en aye,
Que la plume au vent on envoye.
B. Puis après? M. Alors comme alors.

B. La plume au vent! M. Sus. B. Là.
    M. Dehors!

B. Au hault et au loing. M. Corps pour
Je me tiendray des mieulx venuz. [corps.
B. On n'yra point, quand serons mors,
Demander au roy les tresors
De messieurs les despourveuz.

La plume au vent! M. Je le concluz.
. . . .
Pour les povres de ceste année.
B. Ne demeurons plus si confuz.
. . . .
Au grat, la terre est degelée!

M. Allons, suyvons quelque traînée.
Devant! vostre fievre est tremblée,
Car nous sommes tous estourdiz.
B. Dieu doint aux riches bonne année!
M. Aux despourveuz grasse journée!
B. Et aux femmes pesans mariz!

Prenez en gré, grans et petiz.

FIN DU DIALOGUE DE MALLEPAYE
ET DE BAILLEVENT.

XXIV.

LES REPEUES FRANCHES

DE FRANÇOIS VILLON

ET DE SES COMPAGNONS.

Vous qui cerchez les repeues franches,
Et, tant jours ouvriers que dimenches,
N'avez pas planté de monnoye,
Affin que chascun de vous oye
Comment on les peut recouvrer,
Vueillez vous au sermon trouver
Qui est escript dedans ce livre.
Mettez tous peine de le lire,
Entre vous, jeunes perrucatz,
Procureurs, nouveaulx advocatz,
Aprenans aux despens d'aultruy.
Venez-y tost, sans nul estrif,
Clercz, de praticque diligens,
Qui congnoissez si bien vos gens;
Sergens à pied et à cheval,
Venez-y d'amont et d'aval,

Les hoirs du deffunct Pathelin,
Qui sçavez jargon jobelin ;
Capitaine du pont-à-Billon ;
Tous les subjetz Françoys Villon,
Soyez, à ce coup, reveillez.
Pas ne devez estre oubliez,
Tous gallans à pourpointz sans manches,
Qui ont besoing de repeues franches,
Et tous ceulx, tant yver qu'esté,
Qui en ont grant necessité.
Venez vous apprendre comment
Les maistres anciennement
Sçavoyent tous les tours de ce faire :
Messire Chascun Poicdenaire,
Qui de livres sçait les usaiges,
Et veult lire tous les passaiges,
De celuy en prins appetis ;
Venez-y donc, grans et petis,
Car, de la science sçavoir,
Vous ne povez que mieulx valoir.
Venez, chevaucheurs d'escuyrie,
Serviteurs de grant seigneurie,
Venez-y sans dilation,
Tous gens sotz et toutes gens sottes ;
Venez-y, bigotz et bigottes ;
Venez-y, povres Turlupins
Et Cordeliers et Jacopins ;
Venez aussi, toutes prestresses,
Qui sçavez pieçà les adresses
Des presbitaires hault et bas ;
Gardez que vous n'y faillez pas !
Venez, gorriers et gorrières,
Qui faictes si bien les manières
Que c'est une chose terrible.

Pour bien faire tout le possible ;
Toutes manières de farseurs,
Anciens et jeunes mocqueurs ;
Venez-y tous, vrays macquereaulx
De tous estatz, vieulx et nouveaulx ;
Venez-y toutes, macquerelles,
Qui, par vos subtilles querelles,
Avez tousjours en vos maisons
Pour avoir, en toutes saisons,
Tant jours ouvriers que dimenches,
Souvent les bonnes repeues franches.
Venez-y tous, bons pardonneurs,
Qui sçavez faire les honneurs,
Aux villages, de bons pastez,
Avecques ces gras curatez,
Qui ayment bien vostre venue
Pour avoir la franche repeue ;
Affin que chascun d'eulx enhorte
Les paroissiens, qu'on apporte
Des biens aux pardons de ce lieu,
Et qu'on face du bien pour Dieu.
Tant que le pardonneur s'en aille,
Le curé ne despendra maille,
Et aura maistre Jehan Laurens
Fermement payé les despens
Et quarte de vin, simplement,
Au curé, à son partement.
  De tout estat, soit bas ou hault,
Venez-y, qu'il n'y ait deffault ;
Venez-y, varletz, chamberières,
Qui sçavez si bien les manières,
En disant mainte bonne bave,
D'avoir du meilleur de la cave,
Et puis joyeusement preschez,

Après que vos gens sont couchez.
Ceulx qui cerchent banquets ou festes
Pour dire quelques chansonnettes,
Affin d'atrapper la repeue,
Que chascun de vous se remue
D'y venir bien legièrement;
Et vous pourrez ouyr comment
Ung grant tas de bonnes commères
Sçavent bien trouver les manières
De faire leurs marys coqus.
Venez-y, et n'attendez plus,
Entre vous, prebstres sans séjour,
Qui dictes deux messes par jour
A Sainct-Innocent, ou ailleurs;
Venez-y, pour sçavoir plusieurs
Des passaiges et des adresses
De maintes petites finesses
Que l'en faict facillement
Qu'advient, par faulte d'argent,
En maint lieu, la franche repeue,
Qui ne doit à nul estre teue.
Par tel, cil qui veue ne l'aura,
Paiera, et celuy qui fera
De ceste repeue le present,
De l'escot s'en yra exempt,
Moyennant qu'il monstre ce livre :
Par ce moyen sera delivre;
En lieu où n'aura esté veu
Il sera franchement repeu,
Ainsi qu'on orra plus à plain,
Qui de l'entendre prendra soing.

BALLADE DE L'ACTEUR.

Quant j'euz ouy ce present mandement :
Qu'on semonnoit venir, de par l'Acteur,
Le dessusdict, j'ay pensé fermement
De moy trouver, et en prins l'adventure,
Comme celuy qui, de droicte nature,
Vouloit de ce faire narration,
A celle fin qu'il en fust mention,
A ung chascun, pour le temps advenir,
Qui s'attendent et ont intention
Que les respeues les viendront secourir.

Mais ce secours est d'anciennement
De tous repas le chief, et par droicture ;
Pourquoy, aulcuns, qui ont entendement,
Le treuvent bon, et aultres n'en ont cure,
Et ne cerchent tant que l'argent leur dure,
Mais font du leur si grant destruction,
Qu'ilz en entrent en la subjection
De faire aux dens l'arquemie, sans faillir,
En attendant, pour toute production,
Que les repeues les viendront secourir.

J'en ay congneu, qui souvent largement
Donnoyent à tous repeues outre mesure ;
Qui depuis ont continuellement
Servy le Pont-à-Billon, par droicture,
Dont la façon a esté à maint dure,
En leur grant dueil et tribulation ;
Mais lors n'avoyent nulle remission,
Combien que ce leur fist le cueur fremir,

Ilz n'attendoyent aultre succession,
Que les repeues les viendront secourir.

ENVOI.

Prince, pour ce que ne me puis tenir
Que de telz faitz ne face mention,
Puisque à mon temps les ay veu avenir,
J'en vueil faire quelque narration,
Et escripre, soubz la correction
Des escoutans, affin d'en souvenir,
La présente nouvelle invention,
Que les repeues les viendront secourir.

BALLADE DES ESCOUTANS.

Qui en a est le bien venu ;
Qui n'en a point, l'en n'en tient compte,
Cil qui en a est bien congneu,
Cil qui n'en a point vit à honte.
Qui paye l'on exauce et monte
Jusque au tiers ciel, pour en prester :
Son honneur tout aultre surmonte,
Par force de bien acquester.

Quant entendismes les estatz
De telz dissimulations,
Congnoissant les hauts et les bas,
Par toutes abreviations,
Nous mismes, sans sommations,
Aux champs, par bois et par tailllis,

Pour congnoistre les fictions,
Qui se font souvent à Paris.

Pource que chacun maintenoit
Que c'estoit la ville du monde
Qui plus de peuple soustenoit,
Et où maintz estranges abonde,
Pour la grant science parfonde
Renommée en icelle ville,
Je partis, et veulx qu'on me tonde,
S'à l'entrée avois croix ne pille.

Il estoit temps de se coucher,
Et ne sçavoye où heberger ;
D'ung logis me vins approcher,
Sçavoir s'on m'y vouldroit loger,
En disant : « Avez à menger? »
L'hoste me respondit : « Si ay. »
Lors luy priay, pour abréger :
« Apportez-le donc devant moy. »

Je fus servy passablement,
Selon mon estat et ma sorte,
Et pensant, à part moy, comment
Je cheviroye avec l'hoste,
Je m'avisé que, soubz ma cotte,
Avois une espée qui bien trenche :
Je la lairray, qu'on ne me l'oste,
En gaige de la repeue franche.

L'espée estoit toute d'acier,
Il ne s'en failloit que le fer ;
Mais l'hoste la me fist machier,

Fourreau et tout, sans fricasser;
Puis, après, me convint penser
De repaistre, se faim avoye;
Rien n'y eust valu le tencer :
De leans partis sans monnoye.

L'ACTEUR.

Lendemain, m'aloye enquerant
Pour encontrer Martin Gallant.
Droit en la Salle du Palays
Rencontray, pour mon premier mès,
Tout droit soubz la première porte,
Plusieurs mignons d'estrange sorte,
Que sembloit bien à leur habit
Qu'ilz fussent gens de grant acquit.
Lors vins pour entrer en la Salle :
L'ung y monte, l'aultre devalle.
Là me pourmenoye, de par Dieu,
Regardant l'estat de ce lieu,
Et quand je l'euz bien regardée,
Tant plus la voys tant plus m'agrée;
Je vis là tant de mirlificques,
Tant d'ameçons et tant d'afficques,
Pour attraper les plus huppez.
Les plus rouges y sont happez;
A l'ung convient vendre sa terre;
Maint, sans sainctir, là se detterre,
Partie ou peu en demourra
De tout ce que vaillant aura;
Cuydant destruyre son voysin
De Poytou, ou de Lymousin,
Ou de quelque aultre nation,
Maint en est en destruction,

Et fault, ains partir de léans,
Qu'ilz facent l'arquemye aux dens.
On emprunte, qui a credit,
Tout ainsi que devant est dict.
Quand leur argent fort s'appetisse,
Lors leur est la repeue propice,
Et lors cerchent (plus n'en doubtez),
Hault et bas et de tous costez,
Comme on verra par demonstrances
En ce traicté des Repeues franches.

Et quant au regard de plusieurs
Aultres repeues, sont escriptes
Affin qu'on preigne les meilleurs,
En lisant, grandes ou petites.
Vous orrez maintz moyens licites
Comment ilz ont esté happez,
Hault et bas, par bonnes conduictes
De ceulx qui les ont attrapez.

LA REPEUE

DE VILLON ET DE SES COMPAIGNONS.

« Qui n'a or, ny argent, ny gaige,
Comment peult-il faire grant chère ?
Il fault qu'il vive d'avantaige :
La façon en est coustumière.
Sçaurions-nous trouver la manière
De tromper quelqu'ung, pour repaistre ?
. . . .
Qui le fera sera bon maistre ! »

Ainsi parloyent les compaignons
Du bon maistre Françoys Villon,
Qui n'avoient vaillant deux ongnons,
Tentes, tapis, ne pavillon.
Il leur dit : « Ne nous soucion,
Car, aujourd'huy, sans nul deffault,
Pain, vin, et viande, à grant foyson,
Aurez, avec du rost tout chault. »

La manière d'avoir du Poisson.

Adoncques il leur demanda
Quelles viandes vouloyent macher :
L'ung de bon poysson souhaita ;
L'autre demanda de la chair.
Maistre Françoys, ce bon archer,
Leur dist : « Ne vous en souciez ;
Il vous faut voz pourpointz lascher,
Car nous aurons viandes assez. »

Lors partit de ses compaignons,
Et vint à la Poyssonnerie,
Et les laissa delà les pontz,
Quasy plains de melencolie.
Il marchanda, à chère lye,
Ung pannier tout plain de poysson,
Et sembloit, je vous certiffie,
Qu'il fust homme de grant façon.

Maistre Françoys fut diligent
D'achapter, non pas de payer,
Et dist qu'il bailleroit l'argent
Tout comptant au porte-pannier.
Ils partent sans plus plaidoyer,
Et passèrent par Nostre-Dame,

Là où il vit le Penancier,
Qui confessoit homme ou bien femme.

Quant il le vit, à peu de plait,
Il luy dist : « Monsieur, je vous prie
Que vous despechez, s'il vous plaist,
Mon nepveu ; car, je vous affie
Qu'il est en telle resverie :
Vers Dieu il est fort negligent ;
Il est en tel merencolie,
Qu'il ne parle rien que d'argent.

— Vrayment, ce dit le Penancier,
Très voulentiers on le fera. »
Maistre Françoys print le pannier,
Et dit : « Mon amy, venez ça ;
Velà qui vous depeschera,
Incontinent qu'il aura faict. »
Adonc maistre Françoys s'en va,
Atout le pannier, en effect.

Quand le Penancier eut parfaict
De confesser la créature,
Gaigne-denier, par dit parfaict,
Accourut vers luy bonne alleure,
Disant : « Monsieur, je vous asseure,
S'il vous plaisoit prendre loysir
De me depescher à ceste heure,
Vous me feriez ung grant plaisir.

— Je le vueil bien, en verité,
Dist le Penancier, par ma foy !
Or, dictes *Benedicite*,
Et puis je vous confesseray,

Et, en après, vous absouldray,
Ainsy comme je doy le faire;
Puis penitence vous bauldray,
Qui vous sera bien necessaire.

—Quel confesser! dist le povre homme :
Fus-je pas à Pasques absoulz?
Que bon gré sainct Pierre de Romme!
Je demande cinquante soulz.
Qu'esse-cy? A qui sommes-nous?
Ma maistresse est bien arrivée!
A coup, à coup, depeschez-vous,
Payez mon panier de marée.

— Ha! mon amy, ce n'est pas jeu,
Dist le Penancier, seurement :
Il vous fault bien penser à Dieu
Et le supplier humblement.
— Que bon gré en ayt mon serment!
Dist cet homme, sans contredit,
Depeschez-moy legierement,
Ainsi que ce seigneur a dit. »

Adonc le Penancier vit bien
Qu'il y eut quelque tromperie;
Quand il entendit le moyen,
Il congneut bien la joncherie.
Le povre homme, je vous affie,
Ne prisa pas bien la façon,
Car il n'eut, je vous certifie,
Or ne argent de son poysson.

Maistre François, par son blason,
Trouva la façon et manière

D'avoir marée à grant foyson,
Pour gaudir et faire grant chère.
C'estoit la mère nourricière.
De ceulx qui n'avoyent point d'argent;
A tromper devant et derrière,
Estoit ung homme diligent.

La manière d'avoir des Trippes pour dîner.

Que fist-il? A bien peu de plet,
S'advisa de grant joncherie :
Il fist laver le cul bien net
A ung gallant, je vous affie,
Disant : « Il convient qu'on espie :
Quand seray devant la trippière,
Monstre ton cul par raillerie,
Puis, après, nous ferons grant chière. »

Le compaignon ne faillit pas,
Foy que doy sainct Remy de Rains!
A Petit-Pont vint par compas,
Son cul descouvrit jusque aux rains.
Quand maistre Françoys vit ce train,
Dieu sçet s'il fit piteuses lippes,
Car il tenoit entre ses mains
Du foye, du polmon et des trippes.

Comme s'il fust plain de despit,
Et courroucé amèrement,
Il haulsa la main ung petit,
Et le frappa bien rudement,
Des trippes, par le fondement;
Puis, sans faire plus long caquet,

Les voulut, tout incontinent,
Remettre dedans le baquet.

La trippière fut courroucée
Et ne les voulut pas reprendre.
Maistre Françoys, sans demourée,
S'en alla, sans compte luy rendre.
Par ainsi, vous povez entendre,
Qu'ilz eurent trippes et poisson.
Mais, après, il faut du pain tendre,
Pour ce disner de grant façon.

La manière d'avoir du Pain.

Il s'en vint chez un boulengier
Affin de mieulx fornir son train,
Contrefaisant de l'escuyer
Ou maistre d'hostel, pour certain,
Et commanda que, tout souldain,
Cy pris, cy mis, on chappellast
Cinq ou six douzaines de pain,
Et que bien tost on se hastast.

Quand la moytié fut chappellé,
En une hotte le fist mettre,
Comme s'il fust de près hasté,
Il pria et requist au maistre
Qu'aucun se voulsist entremettre
D'apporter, après luy courant,
Le pain chappellé en son estre,
Tandis qu'on fist le demourant.

Le varlet le mist sur son col;

Après maistre François le porte,
Et arriva, soit dur ou mol,
Emprès une grant vielle porte.
Le varlet deschargea sa hotte
Et fut renvoyé, tout courant,
Hastivement, tenant sa hotte,
Pour requerir le demourant.

Maistre Françoys, sans contredit,
N'attendit pas la revenue.
Il eut du pain, par son édit,
Pour fournir sa franche repeue.
Le boulengier, sans attendue,
Revint, mais ne retrouva point
Son maistre d'hostel ; il tressue,
Qu'on l'avoit trompé en ce point.

La manière d'avoir du Vin.

Après qu'il fut fourny de vivres,
Il fault bien avoir la mémoire
Que, s'ils vouloyent ce jour estre yvres,
Il falloit qu'ils eussent à boire.
Maistre Françoys, debvez le croire,
Emprunta deux grans brocs de boys,
Disant qu'il estoit necessaire
D'avoir du vin par ambagoys.

L'ung fist emplir de belle eaue clère,
Et vint à la Pomme de Pin,
Atout ses deux brocs, sans renchère,
Demandant s'ils avoient bon vin,
Et qu'on luy emplist du plus fin,

Mais qu'il fust blanc et amoureux.
On luy emplist, pour faire fin,
D'ung très bon vin blanc de Baigneux.

    Maistre Françoys print les deux brocs,
L'un emprès l'autre les bouta;
Incontinent, par bons propos,
Sans se haster, il demanda
Au varlet : « Quel vin est ce là? »
Il luy dist : « Vin blanc de Baigneux.
— Ostez cela, ostez cela,
Car, par ma foy, point je n'en veulx.

    « Qu'esse-cy? Estes-vous bejaulne?
Vuidez-moy mon broc vistement.
Je demande du vin de Beaulne,
Qui soit bon, et non aultrement. »
Et, en parlant, subtillement
Le broc qui estoit d'eaue plain
Contre l'aultre legierement
Luy changea, à pur et à plain.

    Par ce point, ils eurent du vin
Par fine force de tromper;
Sans aller parler au devin,
Ils repeurent, per ou non per.
Mais le beau jeu fut au souper,
Car maistre Françoys, à brief mot,
Leur dit : « Je me vueil occuper,
Que mangerons ennuyt du rost. »

François Villon.

La manière d'avoir du Rost.

Il fut appointé qu'il yroit
Devant l'estal d'ung rotisseur,
Et de la chair marchanderoit,
Contrefaisant du gaudisseur,
Et, pour trouver moyen meilleur,
Faignant que point on ne se joue,
Il viendroit un entrepreneur,
Qui luy bailleroit sur la joue.

Il vint à la rostisserie,
En marchandant de la viande;
L'autre vint, de chère marrie :
« Qu'est-ce que ce paillart demande? »
Luy baillant une buffe grande,
En luy disant mainte reproche.
Quand il vit qu'il eut ceste offrande,
Empoigna du rost pleine broche.

Celuy qui bailla le soufflet
Fuist bien tost et à motz exprès.
Maistre Françoys, sans plus de plet,
Atout son rost, courut après.
Ainsi, sans faire long procès,
Ils repeurent, de cueur devot,
Et eurent, par leur grant excès,
Pain, vin, chair, et poisson, et rost.

SECONDE REPEUE

DE L'EPIDEMIE.

Et pour la première repeue
Dont après sera mention,
Bien digne d'estre ramenteue
Et mise en revelation,
Et pourtant, soubs correction,
Affin que l'en en parle encore,
Comme nouvelle invention,
Redigé sera par memoire.

Or advint, de coup d'aventure,
Que les suppostz devant nommez,
Ne cherchoyent rien par droicture,
Qu'en richesse gens renommez.
Ung jour qu'ilz estoient affamez,
En la porte d'ung bon logis
Virent entrer, sans estre armez,
Ambassadeurs de loing pays.

Si pensèrent entre eux comment
Ilz pourroient, pour l'heure, repaistre,
Et, selon leur entendement,
L'ung d'iceulz s'aprocha du maistre
D'hostel, et se fit acongnoistre,
Disant qu'il luy enseigneroit
Le haut, le bas marché, pour estre
Par luy conduyt, s'il luy plaisoit.

Je croy bien que monsieur le maistre,

Qui du bas mestier estoit tendre,
Fit ce gallant très bien repaistre,
Et luy commenda charge prendre
De la cuysine, d'y entendre,
Tant que leur train departira,
Et bien payera, sans attendre,
A son gré, quand il s'en yra.

Lors s'en vint à ses compaignons,
Dire : « Nostre escot est payé ;
Je suis jà l'ung des grans mignons
De léans et mieulx avoyé,
Car le maistre m'a envoyé
Par la ville, pour soy sortir ;
Mais, se mon sens n'est desvoyé,
Bien brief l'en feray repentir.

— Va, lui dirent ses compaignons,
Et esguise tout ton engin
A nous rechauffer les rongnons
Et nous faire boire bon vin.
Passe tous les sens Pathelin,
De Villon et Pauquedenaire,
Car se venir peux en la fin,
Passé seras maistre ordinaire. »

Ce gallant vint en la maison
Où estoyt logé l'ambassade,
Où les seigneurs, par beau blason,
Devisoyent rondeau ou ballade.
Il estoit miste, gent et sade,
Bien habitué, bien en point,
Robbe fourrée, pourpoint d'ostade ;
Il entendoit son contrepoint.

Le principal ambassadeur
Aymoit ung peu le bas mestier,
Dont le gallant fut à honneur,
Car c'estoyt quasi son mestier,
Et luy conta que, à son quartier,
Avoit de femmes largement,
Qui estoyent, s'il estoit mestier,
A son joly commandement.

Le gallant fut entretenu
Par ce seigneur venu nouveau,
Et léans il fut retenu,
Pour estre fin franc macquereau.
Le jeu leur sembla si très beau;
Aussi, il fit si bonne mine,
Qu'il fut esleu, sans nul appeau,
Pour estre varlet de cuysine.

Les ambassadeurs convoyèrent
Seigneurs et bourgeois à disner,
Lesquels voulentiers y allèrent
Passer temps, point n'en faut doubter.
Toutesfoys, vous debvez sçavoir,
Quelque chose que je vous dye,
Que l'ambassadeur, pour tout veoir,
Craignoit moult fort l'Epidemie.

Ce gallant en fut adverty,
Qui nonobstant fist bonne mine,
Et quand il fut près de midi,
A l'heure qu'il est temps qu'on disne,
Il entra dedans la cuysine,
Manyant toute la viande,

Comme docteur en médecine
Qui tient malades en commande.

 Tous les seigneurs là regardèrent
Son train, ses façons et manières ;
Mais, après luy, pas ne tastèrent,
Aussi ne luy challoit-il guères.
Après il print les esguières,
Le vin, le clairé, l'ypocras,
Darioles, tartes entières :
Il tasta de tout, par compas.

 Et, pour bien entendre son cas,
Quand il vit qu'il estoit saison,
A bien jouer ne faillit pas,
Pour faire aux seigneurs la raison,
Si bien que dedans la maison
Demoura tout seul pour repaistre,
Soustenant, par fine achoison,
Qu'il se douloit du cousté destre.

 Lors y avoit une couchette
Où il failloit la feste faire,
Et n'a dent qui ne luy cliquette ;
Là se mist, commençant à braire
Que l'on s'en fuyt au presbytaire,
Pour faire le prebstre acourir,
Atout Dieu et l'autre ordinaire
Qu'il fault pour ung qui veult mourir.

 Quand les seigneurs virent le prebstre
Avec ses sacremens venir,
Chacun d'eulx eust bien voulu estre
Dehors, je n'en veulx point mentir :

Si grant haste eurent d'en sortir,
Que là demourèrent les vivres,
Dont les compaignons du martir
Furent troys jours et troys nuyts yvres.

Par ce point eurent la repeue
Franche chascun des compaignons.
La finesse le prebstre a teue,
Affin de complaire aux mignons;
Mais les seigneurs dont nous parlons
Eurent tous, pour ce coup, l'aubade :
Chascun d'eulx fut, nous ne faillons,
De la grant paour troys jours malade.

LA TROISIEME REPEUE

DES TORCHECULS.

Un Lymousin vint à Paris,
Pour aulcun procès qu'il avoit.
Quand il partit de son pays
Pas gramment d'argent il n'avoit,
Et toutefoys il entendoit
Son fait, et avoit souvenance
Que son cas mal se porteroit
S'il n'avoit une repeue franche.

Ce Lymousin, c'est chose vraye,
Qui n'avoit vaillant ung patac,
Se nommoit seigneur de Combraye,
Sans qu'on le suivist à son trac.

Plus rusé estoit qu'ung vieil rat,
Et affamé comme un vieil loup,
Avec monsieur de Penessac,
Et le seigneur de Lamesou.

Les troys seigneurs s'entretrouvèrent,
Car ilz estoyent tous d'ung quartier
Et Dieu sçait s'ilz se saluèrent,
Ainsi qu'il en estoit mestier;
Toutesfoys, ce bon escuyer
De Combraye, propos final,
Fut esleu leur grant conseillier,
Et le gouverneur principal.

Ils conclurent, pour le meilleur,
Que ce bon notable seigneur
Yroit veoir s'il pourroit trouver
Quelque bon lieu pour s'y loger,
Et, selon qu'il le trouveroit,
Aux aultres le raconteroit.

Or advint, environ midy,
Qu'il estoit de faim estourdy,
S'en vint à une hostellerie,
Rue de la Mortellerie,
Où pend l'enseigne du Pestel :
A bon logis et bon hostel,
Demandant s'on a que repaistre :
« Ouy, vrayment, ce dist le maistre;
Ne soyez de rien en soucy,
Car vous serez très bien servy
De pain, de vin et de viande.
— Pas grand chose je ne demande,
Dist le bon seigneur de Combraye :

Il n'y a guère que j'avoye
Bien desjuné; mais, toutesfoys,
Si ai-je disné maintes foys
Que n'avoye pas tel appetit. »

 Ce seigneur menga ung petit,
Car il n'avoit guère d'argent,
Commendant qu'on fust diligent
D'avoir quelque chose de bon,
Pour son soupper : ung gras chapon ;
Car il pensoit bien que, le soir,
Il devoit avec luy souper
Des gentilzhommes de la cour.

 L'hostesse fut bien à son gourt,
Car, quand vint à compter l'escot,
Le seigneur ne dist oncques mot,
Mais tout ce qu'elle demanda
Ce gentilhomme luy bailla,
Disant : « Vous comptez par raison! »
Puis il sortit de la maison,
Bouta son sac soubs son esselle,
Et vint raconter la nouvelle
A ses compaignons, et comment
Il failloit faire saigement.
 Il fut dit, à peu de parolles,
Pour eviter grans monopolles,
Que le seigneur de Penessac
Yroit devant louer l'estat
Et blasonner la suffisance
De ce seigneur, car, sans doubtance,
La chose le valoit très bien,
Et, pour trouver meilleur moyen,
Il menroit en sa compaignie,

Lamesou ; et n'y faillit mye.
Si vint demander à l'hostesse
S'ung seigneur remply de noblesse
Estoit logé en la maison.
   L'hostesse respondit que non,
Et que vrayement il n'y avoit
Qu'ung Lymousin, lequel debvoit
Venir au soir souper léans.
   « Ha ! dist-il, dame de céans,
C'est celuy que nous demandons ;
Par ma foy ! c'est le grant baron,
Qui est arrivé au matin.
— Je n'entens point vostre latin,
Dist l'hostesse ; vous parlez mal :
Il n'a ne jument ne cheval ;
Il va à pied, par faulte d'asne. »
   Lors Penessac respondit : « Dame,
Il vient icy pour ung procès ;
Il est appellant des excès
Qu'on luy a faictz en Lymousin,
Et va ainsi de pied, affin
Que son procès soit plus tost faict. »
L'hostesse le creut, en effet.
   Alors, le seigneur de Combraye
Arrive, et Dieu sçait quelle joye
Ces deux seigneurs icy lui firent ;
Et le genoil en bas tendirent
Aussi tost comme il fut venu,
Et par ce point il fut congneu
Qu'il estoit seigneur honorable.
   Le bon seigneur se sist à table,
En tenant bonne gravité.
Vis-à-vis, de l'autre costé,
S'assit le seigneur de l'hostel,

Et eurent du vin, Dieu sçait quel!
Il ne le fault point demander.
   Quand ce vint à l'escot compter
L'hostesse assez hault comptoit,
Mais au seigneur il n'en challoit,
Feignant qu'il fust tout plain d'argent.
   Lors il dist qu'on fust diligent
De penser à faire les litz,
Car il vouloit en ce logis
Coucher; puis après, par exprès,
Il print son grand sac à procès,
Et le bailla léans en garde,
Disant : « Qu'on me le contregarde.
Si de l'argent voulez avoir,
Il ne faut que le demander. »
L'hostesse ne fut pas ingrate,
En disant : « Je n'en ay pas haste.
N'espargnez rien qui soit céans. »
   Ces seigneurs couchèrent léans
L'espace de cinq ou six moys,
Sans payer argent, toutesfoys,
Non obstant ce qu'il demandoit
A l'hostesse s'elle vouloit
Avoir de l'argent, bien souvent;
Mais il n'estoit point bien content
De mettre souvent main en bourse.
L'hostesse n'estoit point rebourse,
Et dist : « Ne vous en soucyez;
Dieu mercy! j'ay argent assez,
A vostre bon commandement. »
   Ces mignons pensèrent comment
Ilz pourroyent retirer leur sac;
Et lors monsieur de Penessac
Dist à ce baron de Combraye

Qu'il se boutast bientost en voye,
Jugeant qu'il fust embesongné.
    Ce seigneur vint, tout refrongné,
Vers l'hostesse, par bon moyen,
Et lui dit : « Mon cas va très bien ;
Mon procès est ennuyt jugé.
A coup, qu'il n'y ait plus songé,
Baillez-moy mon sac, somme toute,
Car j'ay paour et si fays grant doubte,
Que les seigneurs soyent departis. »
    Il print son sac : « Adieu vous dis !
Je reviendray tout maintenant. »
Il s'en alla diligemment,
Atout ses procès et son sac ;
Et les seigneurs de Penessac
Et de Lamesou l'attendoyent ;
Lesquelz seigneurs si s'esbatoyent,
A recueillir les torcheculz
Des seigneurs qui estoyent venus
Aux chambres, et bien se pensoyent
Qu'à quelque chose serviroyent
    Ilz ostèrent tous ces procès
De ce sac, et, par motz exprès,
L'emplirent de ces torcheculz ;
Puis, au soir, quand furent venuz
A leur logis, fut mis en garde,
Et, pour mieulx mettre en sauvegarde,
Il fut bouté, par grant humblesse,
Avec les robbes de l'hostesse,
Qui sentoyent le muguelias.
Au soir, firent grant ralias ;
Le lendemain il fut raison
De departir de la maison
Pour s'en aller sans revenir.

On cuydoit qu'ilz deussent venir
Lendemain soupper et disner,
Pour leurs offices resiner,
Maiz ilz ne vindrent oncques puis.

   Ils faillirent cinq ou six nuitz,
Dont l'hostesse fut eschec et mac.
Elle n'osoit ouvrir le sac
Sans avoir le congé du juge,
Auquel avoit piteux deluge;
Tellement qu'il fut necessaire
Qu'on envoyast ung commissaire
Pour ouvrir ce sac, somme toute.

   Quand il fust là venu sans doubte,
Il lava ses mains à bonne heure,
De paour de gaster l'escripture,
Car à cela estoit expert.
Toutesfoys, le sac fut ouvert;
Mais, quand il le vit si breneux,
Il s'en alla tout roupieux,
Cuydant que ce fust mocquerie,
Car il n'entendoit raillerie.

   Ainsi partirent ces seigneurs
De Paris, joyeux en couraige.
De tromper furent inventeurs :
Cinq moys vesquirent d'avantaige;
De blasonner ilz firent raige;
Leur hoste fut par eulx vaincu.
Ils ne laissèrent, pour tout gaige
Qu'un sac tout plain de torchecu.

LA
QUATRIESME REPEUE FRANCHE
DU SOUFFRETEUX.

« Où pris argent, qui n'en a point ?
Remède est vivre d'avantaige.
Qui n'a ne robbe ne pourpoint,
Que pourroit-il laisser pour gaige ?
Toutesfoys, qui aurait l'usaige
De dire quelque chansonnette
Qui peust deffrayer le passaige,
Le payement ne seroit qu'honneste. »

L'ACTEUR.

Ainsi parloit le Souffreteux,
Qui estoit fin de sa nature ;
Moytié triste, moytié joyeux.
Du Palays partit, bonne alleure,
En disant : « Qui ne s'adventure,
Il ne fera jamais beau fait, »
Pour pourchasser sa nourriture,
Car il estoit de faim deffaict.

Pour trouver quelque tromperie,
Le gallant se voulust haster :
En la meilleure hostellerie
Ou taverne s'alla bouter,
Et commença à demander
S'on avoit rien pour luy de bon ;

Car il vouloit léans disner,
Et faire chère de façon.

Lors on demanda quelle viande
Il falloit à ce pelerin.
Il respondit : « Je ne demande
Qu'une perdrix ou un poussin,
Avec une pinte de vin
De Beaulne, qui soit frais tirée.
Et puis après, pour faire fin,
Le cotteret et la bourrée. »

Tout ce qui luy fut convenable
Le varlet luy alla quérir.
Le gallant s'en va mettre à table,
Affin de mieulx se resjouyr,
Et disna là, tout à loisir,
Maschant le sens, trenchant du saige;
Mais il fallut, ains que partir,
Avoir ung morceau de formaige.

« Adonc dit le clerc : Mon amy,
Il fault compter, car vous devez,
Tout par tout, sept solz et demy,
Et convient que les me payez.
— Je ne sçay comment les aurez,
Dist le gallant, car, par sainct Gille!
Je veulx bien que vous le saichez,
Je ne soustiens ne croix ne pille.

— Qui n'a argent si laisse gaige;
Ce n'est que le faict droicturier.
Vous voulez vivre d'avantaige,
Et n'avez maille ne denier!

Estes-vous larron ou meurtrier?
Par Dieu, ains que d'icy je hobe,
Vous me payerez, pour abréger,
Ou vous y laisserez la robbe.

— Quant est d'argent, je n'en ay point,
Affin de le dire tout hault.
Comment! m'en iray-je en pourpoint,
Et desnué comme ung marault?
Dieu mercy! je n'ay pas trop chault;
Mais, s'il vous plaisoit m'employer,
Je vous serviray, sans deffault,
Jusques à mon escot payer.

— Et comment? Que sçavez-vous faire?
Dites-le moy tout plainement.
— Quoy? toute chose nécessaire.
Point ne fault demander comment;
Je gaige que, tout maintenant,
Je vous chanteray ung couplet,
Si hault et si cler, je me vant,
Que vous direz : « Cela me plaist! »

L'ACTEUR.

Lors, le varlet, voyant cecy,
Fut content de ceste gaigeure,
Et pensa en luy-mesme ainsi,
Qu'il attendroit ceste adventure;
Et s'il chantoit bien d'adventure,
Il lui diroit, pour tous desbats,
Qu'il payast l'escot, bon alleure,
Car son chant ne lui plaisoit pas.

L'accord fut dit, l'accord fut faict,
Devant tous, non pas en arrière.
Lors le gallant tire, de faict,
De dedens sa gibecière
Une bourse, d'argent legière,
Qui estoit pleine de mereaulx,
Et chanta, par bonne manière,
Haultement, ces mots tout nouveaulx :

De sa bourse dessus la table
Frappa, affin que je le notte,
Et, comme chose convenable,
Chanta ainsi à haulte notte :
« Faut payer ton hoste, ton hoste! »
Tout au long chanta ce couplet.
Le varlet, estant coste à coste,
Respondit : « Cela bien me plaist! »

 Toutesfoys, il n'entendoit pas
Qu'il ne fust de l'escot payé,
Parquoy il failloit sur ce pas.
De son sens fut moult desvoyé.
Devant tous fut notiffié
Qu'il estoit gentil compaignon,
Et qu'il avoit, par son traicté,
Bien disné pour une chanson.

 C'est bien disné, quand on eschappe
Sans desbourser pas ung denier,
Et dire adieu au tavernier
En torchant son nez à la nappe.

François Villon.

LA CINQUIESME REPEUE

DU PELLETIER.

Ung jour advint qu'ung Pelletier
Espousa une belle femme
Qui appetoit le bas mestier,
En faisant recorder sa game.
Le Pelletier, sans penser blasme,
Ne s'en soucioit qu'ung petit :
Mieulx aymoit du vin une dragme,
Que coucher dedens ung beau lict.

Ung curé, voyant cest affaire,
De la femme fut amoureux,
Et pensa qu'à son presbytaire
Il maineroit ce maistre gueux.
Il s'en vint à luy tout joyeux,
A celle fin de le tromper,
En disant : « Mon voysin, je veux
Vous donner ennuyt à soupper. »

Le Pelletier en fut content,
Car il ne vouloyt que repaistre,
Et alla tout incontinent
Faire grant chère avec le prestre,
Qui luy joua d'un tour de maistre,
Disant : « Ma robbe est deffourrée;
Il vous y convient la main mettre,
Affin qu'elle soit reffourrée.

— Et bien, ce dist le Pelletier,
Monseigneur, j'en suis bien content,
Mais que vous m'en vueillez payer;
Je suis tout vostre, seurement. »
Ils firent leur appoinctement
Qu'il auroit, pour tout inventoire,
Dix solz tournois entièrement,
Et du vin largement pour boire,

Pourvu qu'il la despecheroit,
Car il luy estoit necessaire,
Et que toute nuyt veilleroit,
Avec son clerc, au presbitaire.
Il fut content de cest affaire.
Mais le Curé les enferma
Soubs la clef, sans grant noyse faire,
Puis hors de la maison alla.

Le Curé vint en la maison
Du Pelletier, par ses sornettes,
Et trouva si bonne achoyson
Qu'il fist très bien ses besongnettes.
Ilz firent cent mille chosettes,
Car, ainsi comme il me semble,
Il contenta ses amourettes,
Et puis hors de la maison emble.

Ce fourreur, pour la repeue franche
Fut fait coqu bien fermement;
Et luy chargea la dame blanche
Qu'il y retournast hardiment,
Et que, par son sainct sacrement,
Jamais nul jour ne l'oubliera,

Mais luy fera hebergement,
Toutes les foys qu'il luy plaira.

Et pourtant, donne soy bien garde
Chascun qui aura belle femme
Qu'on ne lui joue telle aubade
Pour la repeue : c'est grant diffame ;
Quant il est sceu, ce n'est que blasme
Et reproche, au temps advenir.
Vela des repeues la grant game ;
Pourtant, ayez-en souvenir !

SIXIESME REPEUE FRANCHE

DES GALLANTS SANS SOULCY.

Une assemblée de compaignons,
Nommez les *Gallans sans soucy*,
Se trouvèrent entre deux pontz,
Près le Palays, il est ainsi ;
D'aultres y en avoit aussi,
Qui aymoient bien besoigne faicte,
Et estoient, de franc cueur transi,
A l'abbé de Saincte Souffrette.

Ces compaings ainsi assemblez
Ne demandèrent que repas ;
D'argent ilz n'estoyent pas comblez,
Non pourtant ne faillirent pas.

Ilz se boutèrent, c'est le cas,
A l'enseigne du Plat d'estaing,
Où ilz repeurent par compas,
Car ilz en avoient grant besoing.

Quant ce vint à l'escot compter,
Je crois que nully ne s'en cource;
Mais le beau jeu est au payer,
Quant il n'y a denier en bourse.
Nul d'eulx n'avoit chère rebourse :
« Pour de l'escot venir au bout,
Dist ung gallant, de plaine source,
Il n'en faut qu'ung pour payer tout. »

Ilz appointèrent tous ensemble,
Que l'ung d'iceulx on banderoit :
Par ainsi, selon qui me semble,
Le premier qu'il empoigneroit,
Estoit dit que l'escot payeroit.
Mais ilz en eurent grand discord :
Chascun bandé estre vouloit,
Dont ne peurent estre d'accord.

Le varlet, voyant ces desbas,
Leur dit : « Nul de vous ne s'esmoye;
Je suis content que, par compas,
Tout maintenant bandé je soye. »
Les gallans en eurent grand joye,
Et le bandèrent en ce lieu,
Puis chascun d'eux si print la voye
Pour s'en aller sans dire adieu.

Le varlet, qui estoit bandé,
Tournoyoit parmy la maison.

Il fut de l'escot prébendé
Par ceste subtile achoison.
Affin d'avoir provision
De l'escot, l'hoste monte en hault :
Quand il vit ceste invention,
A peu que le cueur ne lui fault.

En montant, l'hoste fut happé
Par son varlet, sans dire mot,
Disant : « Je vous ay attrapé,
Il faut que vous payez l'escot,
Ou vous laisserez le surcot. »
De quoy il ne fut pas joyeux,
. . . .
Cuydant qu'il fust mathelineux.

Quand le varlet se desbanda,
La tromperie peut bien congnoistre :
Fut estonné quand regarda,
Et vit bien que c'estoit son maistre.
Pensez qu'il en eut belle lettre,
Car il parla lors à bas ton,
Et, pour sa peine, sans rien mettre,
Il eut quatre coups de baston.

Ainsi furent, sans rien payer,
Les povres gallans délivrez
De la maison du tavernier,
Où ilz s'estoyent presque enyvrez
Des vins qu'on leur avoit livrez
Pour boire à plain gobelet,
Que paya le povre varlet.

Et que ce soit vray ou certain,
Ainsi que m'ont dit cinq ou six,
Le cas advint au Plat d'estain
Près Sainct-Pierre-des-Arsis.
Bien eschéoit ung grant mercis,
A tout le moins, pour ce repas,
Et si ne le payèrent pas.

Aussi fut si bien aveuglé,
Le povre varlet malheureux,
Qui fut de tout l'escot sanglé,
Et fallust qu'il payast pour eulx ;
Et s'en allèrent tous joyeux
Les mignons, torchant leur visaige,
Qui avoyent disné d'advantaige.

LA SEPTIESME REPEUE

FAICTE AUPRÈS DE MONTFAULCON.

Pour passer temps joyeusement,
Raconter vueil une repeue
Qui fut faicte subtillement
Près Montfaulcon, c'est chose sceue,
Et diray la desconvenue
Qu'il advint à de fins ouvriers ;
Aussi y sera ramentue
La finesse des escolliers.

Quand compaignons sont desbauchez,
Ilz ne cherchent que compaignie ;

Plusieurs ont leurs vins vendangez
Et beu quasy jusqu'à la lye.
Or advint qu'une grant mesgnie
De compaignons se rencontrèrent.
. . . .
. . . .

Et, sans trouver la saison chère,
Chascun d'eulx se resjouyssoit
Disant bons motz, faisant grant chère;
Par ce point le temps se passoit.
Mais l'ung d'iceulx promis avoit
De coucher avec une garce,
Et aux aultres le racontoit,
Par jeu, en manière de farce.

Tant parlèrent du bas mestier,
Que fut conclud, par leur façon,
Qu'ilz yroyent ce soir-là coucher
Près le gibet de Montfaulcon,
Et auroyent pour provision
Ung pasté de façon subtile,
Et meneroyent, en conclusion,
Avec eulx chascun une fille.

Ce pasté, je vous en respons,
Fut faict sans demander qu'il couste,
Car il y avoit six chapons,
Sans la chair, que point je n'y boute.
On y eust bien tourné le coute,
Tant estoit grant, point n'en doubtez.
Le Prince des Sots et sa routte
En eussent esté bien souppez.

Deux escolliers voyant le cas,
Qui ne sçavoyent rien que tromper,
Sans prendre conseil d'advocatz,
Ilz se voullurent occuper,
Pensant à eux, comme atrapper
Les pourroyent d'estoc ou de trenche;
Car ilz voulloyent ce soir soupper
Et avoir une repeue franche.

Sans aller parler au devin,
L'ung prist ce pasté de façon,
L'autre emporta un broc de vin,
Du pain assez, selon raison,
Et allèrent vers Montfaulcon,
Où estoit toute l'assemblée.
Filles y avoit à foyson,
Faisant chère desmesurée.

Aussi juste comme l'orloge,
Par devis et bonne manière,
Ilz entrèrent dedans leur loge,
Esperant de faire grant chière,
Et tastoient devant et derrière
Les povres filles, hault et bas.
. . . .
. . . .

Les escolliers, sans nulle fable,
Voyant ceste desconvenue,
Vestirent habitz de diable,
Et vindrent là, sans attendue :
L'ung, ung croc, l'autre, une massue,
. . . .

Pour avoir la franche repue,
Vindrent assaillir les gallans.

Disant : « A mort ! à mort, à mort !
Prenez, à ces chaisnes de fer,
Ribaulx, putains, par desconfort,
Et les amenez en enfer ;
Ilz seront avec Lucifer,
Au plus parfond de la chauldière,
Et puis, pour mieulx les eschauffer,
Gettez seront en la rivière ! »

L'ung des gallans, pour abbreger,
Respondit : « Ma vie est finée !
En enfer me fault heberger.
Vecy ma dernière journée ;
Or suis-je bien ame dampnée !
Nostre peché nous a attains,
Car nous yrons, sans demourée,
En enfer avec ces putains ! »

Se vous les eussiez veu fouyr,
Jamais ne vistes si beau jeu,
L'ung amont, l'autre aval courir ;
Chascun d'eulx ne pensoit qu'à Dieu.
Ilz s'en fouyrent de ce lieu,
Et laissèrent pain, vin et viande,
Criant sainct Jean et sainct Mathieu,
A qui ilz feroyent leur offrande.

Noz escolliers, voyant cecy,
Non obstant leur habit de diable,
Furent alors hors de soulcy,
Et s'assirent trestous à table ;

Et Dieu sçait si firent la galle
Entour le vin et le pasté,
Et repeurent, pour fin finalle,
De ce qui estoit appresté.

C'est bien trompé, qui rien ne paye,
Et qui peut vivre d'advantaige,
Sans desbourser or ne monnoye,
En usant de joyeux langaige.
Les escolliers, de bon couraige,
Passèrent temps joyeusement,
Sans bailler ny argent ny gaige,
Et si repeurent franchement.

Si vous voullez suyvre l'escolle
De ceulx qui vivent franchement,
Lisez en cestuy prothocolle,
Et voyez la façon comment ;
Mettez-y vostre entendement
A faire comme ilz faisoyent,
Et, s'il n'y a empeschement,
Vous vivrez comme ilz vivoyent.

FIN DES REPEUES FRANCHES
ET DES POÉSIES ATTRIBUÉES A VILLON.

NOTES.

(*Les chiffres* renvoient aux pages du volume. V. *signifie* vers; *Pr.*, Prompsault; *P. L.*, M. Paul L. Jacob, bibliophile.)

P. 1. *Clément Marot aux Lecteurs.* Cette préface, avec le huitain qui l'accompagne, est en tête de l'édition de *Paris, Galiot du Pré*, 1533, la première donnée par Marot.

P. 2, lig. 28. *Toutesfoys*... Marot dit clairement qu'il n'a pas consulté un seul manuscrit. Il n'a pas non plus eu sous les yeux toutes les éditions du XVe siècle.

P. 4, lig. 5. *Après*... Les vers que Marot dit avoir refaits sont au nombre de dix ou douze seulement, et, chose singulière, on les trouve tels quels dans les manuscrits et les anciennes éditions. (P. L.)

P. 7. *Le Petit Testament.* Ce titre, que Villon n'avait pas eu l'intention de donner à ses *lays* (voy. p. 50, v. 11), se trouve en tête des plus anciennes éditions de ses œuvres.

P. 8-9. Les huitains IV à IX ont été publiés pour la première fois par Prompsault, d'après un mss. La Monnoye ne les a pas connus.

P. 9, huitain IX. L'invocation par laquelle Villon commence son Testament n'est qu'une affaire de simple formule. Ce n'est pas là qu'il faut chercher la preuve de ses sentiments religieux.

P. 14, huit. XXIII. Ce huitain, publié pour la première fois par Prompsault, se trouve en manuscrit dans l'exemplaire annoté de La Monnoye.

P. 17-19. Les huitains XXXVI-XXXIX, publiés pour la première fois par M. Prompsault, n'étaient pas connus de La Monnoye. C'est une satire du jargon scolastique du temps. Il n'est pas certain que Villon en soit l'auteur. J'ai conservé quelques-unes des corrections introduites dans ce texte par M. P. L.

P. 21. *Le Grand Testament.* Huit. I. *En l'an trentiesme de mon eage...* On a conclu de ce vers que Villon n'avait pas trente ans accomplis en 1461. La mesure du vers ne lui permettait pas d'être plus exact; mais dans le *Débat du corps et du cœur* (p. 113), fait dans la prison de Meung, il dit positivement : « Tu as trente ans. » Il était donc réellement né en 1431.

P. 22, huit. V. La leçon de l'édition Prompsault est meilleure que celle de La Monnoye. La voici :

Si prieray pour lui de bon cueur,
Par l'ame du bon feu Cotard...

C'est-à-dire que Villon jure par l'âme de son procureur Cotard (voy. ce nom au *Glossaire-index*), de prier Dieu pour Thibault d'Aussigny. La suite nous apprend ce qu'il entend par là.

P. 37-38. On a cru que dans les huitains XLIII-XLV Villon parlait de lui-même; c'est évidemment une erreur. Pour le reconnaître, il suffit de se rappeler qu'il n'avait que trente ans, et n'était pas un « pauvre vieillart. »

P. 45, huit. LIV. Je n'ai pas adopté la correction de La Monnoye, qui termine ainsi ce huitain :

C'est pure verité decellée :
Pour une joye cent doulours.

P. 56. Les six premiers vers de l'*Envoi* donnent en acrostiche le nom de *Villon*, ainsi que M. Nagel l'a remarqué le premier. Il a découvert aussi que le premier huitain de la *Ballade de Villon à s'amye*, p. 57, donne en acrostiche le nom de *Françoys*. Le second huitain donne *Martheos*, sans doute par l'effet du hasard.

P. 90. *Lays*. Publié pour la première fois par Prompsault. En manuscrit dans La Monnoye. Il en est de même du huitain CLIII, p. 91.

P. 99. « *Et je croy bien que pas n'en ment.* » Le huitain qui commence par ce vers et le reste de la ballade ont été publiés pour la première fois par Prompsault. Ils existent en manuscrit dans La Monnoye.

P. 101. *Poésies diverses*. Le titre de plusieurs éditions annonce un *Codicille*, ce qui a préoccupé quelques éditeurs plus que de raison. L'édition de Pierre Levet, 1489, et une autre édition du XVe siècle (la troisième décrite par M. Brunet), disent ce qu'il faut entendre par là. Dans celle de Pierre Levet on lit : *Cy commence le grant Codicille et Testament de maistre François Villon*, et dans l'autre : *Sensuit le grant Testament et Codicille de maistre François Villon*. Le *Codicille* n'est donc autre chose que le *Grand Testament*, postérieur de cinq ans au *Petit Testament*.

Les *poésies diverses* ont été classées de différentes façons, selon le gré des éditeurs. J'ai cherché à les ranger chronologiquement. Le *quatrain* et l'*épitaphe* (p. 101), la *Requeste au Parlement* (p. 103), la *Ballade de l'appel* (p. 104), le *Dit de la naissance Marie* (p. 105) et la *Double ballade* (p. 107) se rapportent au procès de 1457. Je parlerai des autres pièces plus tard.

P. 105. *Le Dit de la naissance Marie*. Cette pièce et les deux suivantes se trouvent dans un très-beau manuscrit des Poésies de Charles d'Orléans, conservé à la Bibliothèque impériale. Elles ont été publiées pour la première fois par M. Prompsault.

P. 107. *Double ballade*. Cette pièce, adressée

à Marie d'Orléans, fut composée longtemps après la précédente, et lorsque la princesse était déjà grande, et avait « port assuré, maintien rassis » (p. 109, v. 17).

P. 110. *Ballade Villon.* Cette pièce est incontestablement de Villon, dont elle porte le nom dans le manuscrit des poésies de Charles d'Orléans. Il n'est pas aussi certain que les deux autres pièces tirées du même manuscrit soient de lui, mais c'est on ne peut plus vraisemblable.

Cette ballade fut composée sur un sujet donné par le duc d'Orléans. On trouve dans le manuscrit de ses poésies celles qui furent composées à la même occasion par onze autres poètes.

P. 111. *Epistre.* Cette pièce fut composée dans la prison de Meung. Elle a été publiée pour la première fois par Prompsault, mais elle existe en manuscrit, avec des variantes, dans La Monnoye.

P. 112. *Le Débat du cueur et du corps.* Composé dans la prison de Meung. Les précédents éditeurs n'ont pas remarqué que le nom de Villon se trouve en acrostiche dans les six vers qui, non compris le refrain, forment l'*envoi*.

P. 113. *La Requeste à Monseigneur de Bourbon.* Prompsault se trompe lorsqu'il dit que Marot a fait le titre de cette ballade. On le trouve dans les éditions du XVe siècle tel qu'il est reproduit ici.

Le duc de Bourbon était Jean II, qui mourut en 1487 ; ce ne pouvait être Charles Ier, mort en décembre 1456, à l'époque précisément où Villon, peu connu comme poète, se faisait fouetter publiquement.

P. 119. *Ballade des povres housseurs.* Cette pièce a été tirée du *Jardin de plaisance* par Prompsault. Il n'est pas bien prouvé qu'elle soit de Villon. On ne sait pas au juste ce que signifie ce mot *housseurs.* Cotgrave le traduit par *balayeurs*, *ramoneurs*; M. P. L., par *batteurs de tapis*; Prompsault, par *porteurs de housseaux* ou de bottes; M. Campeaux, par écoliers portant des *housses*, comme ceux du collége de Navarre. Son explication me paraît la meilleure, à moins que *housseurs* ne signifie *faiseurs de housseaux*. Il y a un rapprochement à faire entre cette supposition et, d'une part, les conjectures de M. Campeaux relativement à la profession du père de Villon; d'autre part, l'affirmation très-nette de la onzième des pièces attribuées à Villon, que je publie, p. 139. « ... Mon père est cordouennier. » Malheureusement ce rondeau n'est pas plus certainement de Villon que la *Ballade des povres housseurs*.

P. 120. *Probleme ou Ballade*. Publié pour la première fois par Prompsault. En manuscrit dans La Monnoye.

P. 121. *Ballade contre les mesdisans de la France*. Prompsault a cru publier cette pièce pour la première fois; mais il en existe une édition en caractères gothiques, reproduite par M. A. de Montaiglon dans les *Anciennes Poésies françoises*, t. V, p. 320, qui m'a fourni de bonnes variantes. La Monnoye la connaissait. Elle existe en manuscrit dans son exemplaire annoté, avec le titre qu'elle porte ici.

P. 124. *Le Jargon ou Jobelin*. Tous les éditeurs de Villon ont reculé devant l'explication de ces ballades en argot. Je suis leur exemple; mais cela ne doit pas décourager ceux qui voudraient tenter l'entreprise. En recueillant avec soin toutes les variantes des anciennes éditions, en rapprochant les ballades de Villon des monuments assez nombreux de ce langage qui nous restent du XVe siècle et du commencement du XVIe, on arriverait probablement à quelque chose de satisfaisant.

P. 133. *Poésies attribuées à Villon*. J'ai choisi

ce titre à cause de son élasticité. Je ne suis pas convaincu que ces pièces soient de notre poëte; mais je n'ai pas voulu, en les donnant comme émanant de ses disciples, lui faire tort de celles qui peuvent lui appartenir.

P. 133-143. Dix-sept pièces choisies parmi celles que M. Campeaux a tirées du *Jardin de plaisance*. On ne peut lire son travail sans être tenté d'admettre que plusieurs de ces pièces sont réellement de Villon.

P. 144-146. Les ballades XVIII, XIX et XX ont été réunies pour la première fois aux œuvres de Villon dans l'édition de 1723. Je ne crois pas qu'elles soient de lui.

P. 147. *Ballade joyeuse des taverniers.* Cette pièce se trouve dans toutes les éditions de *la Chasse et le Départ d'Amours*, d'Octavien de Saint-Gelais, dont la première est de 1509. Je dois cette indication à mon ami M. Louis Moland.

P. 150. *Monologue du franc archier de Baignollet.* Réuni pour la première fois aux œuvres de Villon en 1532, dans une édition de Galiot du Pré. Il existe de ce monologue une édition gothique, format d'agenda, qui a été reproduite dans l'*Ancien théâtre françois*, t. II, p. 326. J'en ai tiré quelques variantes.

P. 164. *Dialogue de messieurs de Mallepaye et de Baillevent.* De même que le *Monologue du franc archer*, cette pièce fut réunie pour la première fois aux œuvres de Villon dans l'édition de Galiot du Pré, 1532. Elle est écrite, comme l'a remarqué le premier M. A. de Montaiglon, « en strophes de six vers sur deux rimes, qui s'enchaînent de telle façon que la rime placée dans une strophe au troisième et au sixième vers se répète, dans la strophe suivante, aux quatre autres vers, c'est-à-dire au premier, au second, au quatrième et au cinquième. » Je l'ai divisée selon ces indications, et l'on conviendra qu'elle y a beaucoup gagné.

Deux strophes sont incomplètes, l'une d'un vers, p. 172, et l'autre de deux, p. 177.

P. 178. *Les Repeues franches.* Ce recueil fut imprimé plusieurs fois dans le XVe siècle et la première moitié du XVIe. Il n'est pas de Villon ; mais le poëte y joue un tel rôle qu'on ne peut se dispenser de le joindre à ses œuvres, ce qu'on fait, du reste, depuis plus de trois cents ans. Il est écrit presque tout entier en strophes de huit vers, ce que les précédents éditeurs n'avaient pas assez remarqué, comme l'a dit M. A. de Montaiglon. Il y a vers la fin quelques strophes que je n'ai pu compléter, bien que j'aie consulté plusieurs éditions anciennes, y compris celle de Jean Trepperel, que je crois la première.

P. 187. *La Manière d'avoir du poisson.* Le moyen employé par Villon pour se débarrasser du *porte-pannier* rappelle le fabliau des *Trois Avugles de Compiengne*, par Cortebarbe. Voir aussi les *Aventures de Til Ulespiègle*, chap. LXXI (*Nouvelle collection Jannet*); *Morlini*, nouv. XIII; les *Facétieuses Nuits de Straparole*, édition Jannet, *Paris*, 1857, t. Ier, p. liv.

P. 190. *La Manière d'avoir des trippes.* Voir un expédient analogue dans les *Aventures de Til Ulespiègle*, édition citée, chap. LXXII.

P. 191. *La Manière d'avoir du pain.* Imité par l'auteur des *Aventures de Til Ulespiègle*, chap. VI.

P. 192. *La Manière d'avoir du vin.* Se retrouve dans *Til Ulespiègle*, chap. LVII.

P. 206. *La Repeue franche du Souffreteux.* Imité par l'auteur de *Til Ulespiègle*, chap. LXI, et par Bonaventure Des Périers. Voy. l'édition de M. Louis Lacour, 1856. In-16, p. 122.

GLOSSAIRE-INDEX.

A

A, avec. P. 34, v. 18; p. 158, v. 12.

A coup, vite, tout de suite.

A tout, avec.

Abandonné, libéral, prodigue. 172.

Abayer, aboyer.

Aboluz, abolis, absous. 55.

Aboy (en), aux abois, abaissé.

— « Trois poulx rampans en aboy », c'est-à-dire descendant le long de la chemise, telles sont les armoiries que le seigneur de Mallepaye assigne à son ami Baillevent. P. 168.

Absalon, 121, 122.

Absoluz, absolz, absous.

Abusion, peine inutile, fait de quelqu'un qui s'abuse. (P. 35, v. 2.)

Acabit, accident (?). 175.

Accollée, acollée, accolade.

Accouter, appuyer, accoter. 47, 136.

Acherin, acéré, d'acier.

Achoison, achoyson, occasion, feinte, ruse.

Acongnoistre, connaître. 195.

Acqueillir, tenir. 145.

Acquester, acquérir.

Acreuz, acquis, augmentés. 165.

Acteur (l'), l'auteur. 182.

Adextre, adroit, habile.

Adirer, absenter, supprimer. 135.

Admenez (en) (?). P. 38, v. 25.

Adonc, adoncques, alors.

Advantaige, voy. *avantaige*.

Affier, assurer, certifier.

Affiques, affiquets. 185.

Affoler, blesser. 152.

Affuyt, suit.

Aguet (aller d'), marcher avec précaution et sans bruit, c'est ce que faisaient sans doute les soldats de police à pied dont parle Villon, p. 13, v. 21.

Aherdre, p. 52, se trouve dans Cotgrave avec le sens de toucher, prendre.

Ahonti, déshonoré, couvert de honte. 142.

Aid, aide, assiste « Ainsi m'aid Dieux ! » P. 26, v. 6.

Aignel, agneau. 107.

Ainçoys, avant.

Ains, avant.

Aist, aide. « Ainsi m'aist Dieux ! » 107.

Aiz, planche. 84.

ALENÇON. 151. Cette ville fut prise et reprise plusieurs fois par les Anglais et les Français pendant les guerres du XVe siècle. C'est en 1448 que Charles VII l'assiégea pour la dernière fois ; il s'en empara, ainsi que de toutes les autres places fortes de la Normandie. (P. L.)

— Le bon feu duc d'Alençon dont parle Villon (p. 36) serait, selon M. Pr., Jean Ier, tué à la bataille d'Azincourt, en 1415.

ALEXANDRE, p. 26. Cette anecdote d'Alexandre et du pirate Diomédès est, suivant Formey, rapportée par Cicéron, dans un fragment du traité *De Republica*, liv. III, que nous a conservé Nonius Marcellus. Le nom du pirate ne s'y trouve pas. Voy. 121.

ALLEMANSES, allemandes, 80.

Alleure (bonne), promptement.

ALLYS (p. 34, v. 19), Alix de Champagne, mariée en 1160 à Louis le Jeune, roi de France, et morte en 1216. (Pr.)

Alouer (s'), s'attacher, se dévouer. 108.

ALPHASAR, p. 121. Arphaxad, roi des Mèdes.

ALPHONSE, *le roy d'Aragon*. Alphonse V, dit le Sage, mort en 1458.

Amant, 165, amendement.

Amathiste, améthiste. 35.

Ambagoys, ambages, finesses. 192.

Ambesas, double as. P. 48.

Ameçons, hameçons. Employé au figuré, p. 185.

AMIRAL (l'), p. 152. M. P. L. suppose que c'est Prégent, seigneur de Coetivy et de Retz, créé amiral en 1439, et tué en 1450, au siège de Cherbourg.

AMMON, fils de David. Plaisant récit de son amour pour sa sœur Thamar. (P. 46, v. 15.)

Amoureux, agréable, bon. 193, v. 1.

Amys, amicts. 36.

Ance, anse. 15.

ANCENYS, 151.

Ançoys, avant.

Ancre, encre.

Andoilles, andouilles. 64.

Ange, Angelot (p. 70), étaient des monnaies d'or. Deux *angelots* valaient un grand *ange*. Villon veut que le jeune merle agisse consciencieusement, ce qui n'était sans doute pas dans ses habitudes. (Pr.)

ANGELOT L'HERBIER (l'herboriste), 85.

ANGIERS, 9. Le *Lyon d'Angiers* (153) était sans doute l'enseigne d'une hôtellerie.

ANGLAIS, p. 151.

ANGLESCHES, anglaises, p. 81, v. 3.

Angoisseux, plein d'angoisse.

ANGOULEVENT, p. 176. Un Prince des Sots nommé Angoulevent vivait à la fin du XVIe siècle et se fit connaître par un procès qu'il soutint pour défendre les priviléges de sa principauté. Mais ce passage prouve que le nom d'Angoulevent était générique parmi les gueux et les aventuriers dès le XVe siècle. (P. L.)

ANJOU, 157.

Antan, l'an passé.

Ante, tante. 82.

Apasteler, nourrir.

Apostoles, pape (p. 36), et, par extension, évêque, et peut-être prêtre.

Appaillardir, appauvrir, mettre sur la paille 172.

Appeau, appel. 197.

Appoinct, à point. 73.

Appointé, convenu.

Appoinctement, accord.

Aprins, appris.

Arain, airain, cuivre. 48

Arbrynceaux, arbrisseaux.

ARCHIPIADA, 34, vraisemblablement Archippa, l'amante de Sophocle. Pr.)

ARCHITRICLIN (p. 69). Le maître d'hôtel des noces de Cana, qui conseilla de boire le bon vin le premier.

Ardiz, brûlai. 121, v. 2.

Ardre, brûler.

Argeutis, arguties. 18.

ARISTOTE, 18, 25.

Armarie (montrer l'), p. 146, paraître armé dans un tournoi. (P. L.)

Arquemie, alchimie. « Faire l'arquemie aux dens » (p. 182 et 186), c'est vivre de vent, n'avoir rien à manger.

Arraisonner, interroger.

Arrons, aurons.

Ars, brûlé. 17.

Arsure. brûlure. 76.

Art de la pinse et du croc, l'art des voleurs. P. 2.

Art de mémoire, 11. Probablement l'*Ars memorativa*, ouvrage didactique souvent réimprimé au XVe s. avec des figures singulières. (P. L.)

ARTUS, *le duc de Bretaigne* (p. 35, v. 10) est Artus III, le Justicier, mort en 1458.

Asçavoir - mon, c'est à savoir.

ASNE ROUGE, 60. Est-ce une enseigne?

Assier, acier. 9.

Assouvir, calmer, satisfaire, accomplir. 29, 89, 90, 94, 110.

Atout, avec.

Attaine, 111. Atteigne, blesse. (P. L.)

Attaintée, 78, bien parée (Pr.), — fardée (P. L.).

Attendue, attente, retard.

Attente, intention. 49.

Aubade, peur. 199.

Aucun, aucune, quelque. 30, 120.

Aucunement, en quelque façon.

Auditeux, auditeurs.

AUGER LE DANOIS, 91.

Aulmoire, armoire.

AULNIS (vin d'), 60.

AUSSIGNY (*Thibault d'*), 21.

AUVERGNE (p. 36). Le dernier Dauphin de la branche héréditaire fut Beraud III, qui mourut en 1428. (P. L.)

Avaller, descendre, précipiter en bas.

Avantage (vivre d'), vivre aux dépens d'autrui. 206, 208, etc.

Avenir, advenir.

AVERROYS, Averrhoès. 25.

Avoyé, en voie, bien venu. 196.

Ayser (s'), se mettre à son aise, se servir librement. P. 78, v. 21.

B

BABYLOINE, Babylone. 79.

Bachelette, jeune fille. 47.

Bachelier, jeune galant, amoureux. 47.

Bague, bagage, arme.

BAIGNEUX, 193

BAIGNOLET, 150.

Bailler, donner.

BAILLY, 63.

Bandon (à), à l'abandon.

Barat, tromperie.

Barbiers, étaient les chirurgiens du temps. 77.

Barguigner, marchander, hésiter.

Barre (p. 63), pièce du blason qui indique la bâtardise. Au lieu de cela, Villon donne au bâtard de La Barre trois dés pipés pour mettre dans son écusson.

BASANYER, 74.

Bas mestier, acte amoureux.

Baston, 156. Nom des armes portatives en général. On a dit plus tard « baston à feu ».

Batture, action de battre. 71, 115.

BAULDE (*frère*). 67.

Baulde, réjouie. 67.

Bauldray, donnerai.

Bave, bavardage. 180.

Baver, bavarder.

Baverie, bavardage, vaines promesses.

Baye, ouverte. 165.

BEAULNE. 193, 207.

Beffray, beffroi.

BÉGUINES, 66.

Béjaulne, niais. 193.

Belin, mouton. 70.

BELLEFAYE (*Martin*), p. 96, à qui Villon donne le titre de lieutenant criminel, était conseiller au Parlement de Paris.

BELLET, 118.

Benoist, béni.

Benoistier, bénitier.

Bergeronnette, chanson rustique. 91.

Berlan, brelan. 87.

BERTHE *au grand pied* (p. 34, v. 19) fut mère de Charlemagne.

Besongner, travailler. 118.

Besongnettes, affaires d'amour.

Betourner, dompter, abattre. 108.

Biére (en), mort, enseveli.

BIETRIS (p. 34, v. 19), Béatrix de Provence, mariée à Charles de France, fils de Louis VIII. (Pr.)

BIETRIX, 118.

Billart, bâton recourbé avec lequel on jouait à la crosse.

BILLY (*la tour de*), 73.

Bisagüe, besaiguë.

Bise, brune. 79.

Blanc, 15, 48, monnaie d'argent qui, du temps de Villon, valait douze deniers.

BLANCHE. Prompsault dit que la reine Blanche dont il est question p. 34, v. 17, était Blanche de Bourbon, mariée en 1352 à Pierre le Cruel. M. P. L. pense qu'il s'agit plutôt de Blanche de Castille, mère de saint Louis.

BLANCHE LA SAVETIÈRE, 42.

Blason, conversation, beau parler. 189, 196.

Blasonner, vanter, bavarder, se moquer. 201, 206.

Bloquer, donner de l'argent. 175.

BOESMES, p. 118. « La faute des Boesmes », c'était l'hérésie des Bohémiens, sectateurs de Jean Hus et de Jérôme de Prague.

Boillon, p. 54. Le *boullon* ou *bouillon* est l'endroit de la rivière où l'eau forme un tournant. On dit encore, dans le langage trivial, *boire un bouillon*, c'est à dire : courir le risque d'être englouti dans une mauvaise affaire. (P. L.)

Boiture, boisson 52.

Bonne. « Cy suspendy et cy mis bonne », p. 17. Prompsault interprète *bonne* par *borne*. M P. Lacroix suppose que cette expression équivaut à *mettre en panne*.

Bonne alleure, promptement.

Bordeaulx, lieux de prostitution. 77.

Bort, bordure. 136.

Bouffé, soufflé, emporté par un souffle. (P. 36, v. 19.)

Bouges, chausses, culottes.

Bouhourder, lutter à armes courtoises. 119.

Boullon, bouillon, tourbillon.

Boulluz, bouillis. 56.

BOULOGNE, 9.

BOURBON. Le gracieux duc de Bourbon (p. 35 v. 9) est Jean Ier, mort en 1456. Voy. p. 115, et *notes*, p. 223.

Bourde, mensonge. 111.

Bourder, mentir.

BOURG-LA-ROYNE, 65.

BOURGES, 68, 76.

BOURGUIGNON (*Pierre*), 60.

BOURGUYGNONS. 171.

Bourreletz, sorte de coiffure. 33.

Bourse. «Les bourses des dix-et-huit clers » (p. 72). Le collége des *Dix-huit*, où l'on recevait les étudiants trop pauvres pour pourvoir à leurs besoins, était situé, suivant M. P. L., devant le collége de Clugny, sur l'emplacement actuel de l'église de la Sorbonne.

Bouter, mettre. 146, 148, 193. — frapper, pousser. 161. *Bouter soubz le nez*, p. 37, manger et boire.

Boyser, travailler le bois. 64.

Bracquemart, épée courte et large.

Braire, crier. 198.

Brairie, cris. 152.

Branc, sorte d'épée.

Brayes, chausses, culottes.

Brelare Bigod (p. 82), sorte de juron en allemand corrompu: *Verloren, bey Gott!*

BRESSOIRE, Bressuire. 152.

BRETAIGNE, 62.

BRETONS, 153, 154, 157.

Brettes, Bretonnes. 80.

Brief, brièvement. 196.

Broiller, p. 87 M. P. L. dit que cela signifiait jouer des *imbroglios*, des scènes comiques.

Broillerie, désordre.

Brosses, brossillons, broussailles. 99.

Brouaille, 148, me paraît synonyme de *brodier, broudier*, anus.

Brouillez, en désordre, embrouillés. 2

Broust, nourriture, subsistance. 174.

Brouter, manger. 63.

BROYER à moustarde, mortier. 17.

BRUCIENNES, Prussiennes. 80.

BRUNEAU (*Philip*), 97.

Bruire, faire du bruit.

Bruit, *bruyt*, renommée, réputation. 9, 176.

BRUYÈRES (Mlle de), 79.

BUEIL, p. 152 Selon M. P. L., c'est Jean de Beuil, comte de Sancerre, qui succéda comme amiral à Prégent de Coëtivy.

Buffe, soufflet. 194.

Bulle (*Carmeliste*), 10 Voy. DÉCRET. Les porteurs de bulles (p. 87) étaient des ecclésiastiques ou des officiers du Saint-Siége, qui venaient quêter et vendre des indulgences au nom du pape dans les pays catholiques. Mais ils ne pouvaient plus être admis en France sans un ordre du roi; les priviléges de l'Église gallicane ou de la Pragmatique-Sanction s'opposaient à ces collectes papales, qui avaient tant appauvri la chrétienté au moyen âge. (P. L.)

Bureaux, vêtements de bure. 32.

BURIDAN, 34. C'était une tradition bien établie parmi les écoliers de l'Université de Paris, qu'une reine de France avoit fait de la Tour de Nesle, située au bas de la Seine, sur l'emplacement du palais de l'Institut, le théâtre de ses débauches nocturnes. Elle attirait chez elle tous les passants, et surtout les écoliers, qui lui plaisaient; puis, son caprice satisfait, elle les faisait tuer et jeter dans la rivière. Buridan eut le bonheur d'échapper à la mort, et il inventa ce fameux sophisme, qui devait être sa vengeance et sa justification : « Il est permis de tuer une reine si c'est nécessaire. » Villon est le plus ancien auteur qui ait parlé de cette tradition. Gaguin, dans son *Compendium des Annales de France*, l'a rapportée ensuite avec plus de détail. Quoi qu'il en soit, les trois brus de Philippe le Bel furent accusées d'adultère, et l'une d'elles, Marguerite de Bourgogne, femme de Louis le Hutin, fut étranglée dans sa prison, en 1314, par ordre du roi. Quant à Buridan, il devint un des plus célèbres professeurs de l'Université de Paris, et fut exilé de France comme disciple d'Ockan. Il se retira en Autriche, où il continua de professer la philosophie nominaliste. (P. L.)

Butor, p. 122. Espèce de héron, oiseau aquatique. On croyait au moyen âge qu'il restait enfoui dans la vase, au fond de l'eau, durant l'hiver. (P. L.)

C

Caquetoeres, caqueteuses, bavardes. 80.

Cadés, juge, cadi. 26.

Caige-vert, 67. Pr. suppose que c'était un nom donné aux filles publiques. M. P. L. rappelle, à l'appui de cette opinion, qu'une célèbre maison de débauche à Toulouse, était appelée Châtel-vert.

CALIXTE (*le tiers*), 35. Calixte III, élu pape le 8 avril 1455, siégea trois ans et quatre mois. (Pr.)

CALLAISIENNES, 81.

Canceler, 93. Barrer, annuler. (Pr). Authentiquer, légaliser. (P. L.)

Canettes, canes. Ferrer les oies et les canes (p. 92) est quelque chose comme « mener les poules pisser. »

Capitaine du Pont à Billon, 179. Les crocheteurs, gueux et mendiants qui se mettaient sur le pont au Change, le nommaient alors le *pont à Billon*. (Pr.)

Cappel, chapeau. 105.

CARDON (*Jacques*), 91.

CARMES, 175.

CARMES (*l'hostel des*), 67.

Carre, dimension. « Trois detz plombez de bonne carre.» (P. 63, v. 27.)

CARTAIGE, Carthage, 120.

CARTES *à jouer*, 63.

CASSANDRE, 110.

CASTELLANES, Castillanes, 80.

CATON, 109.

Caut, habile, prudent. 172.

Caver, creuser. 102.

Caymant, mendiant. 60.

Céans, ici dedans.

Ceau, seau. 15.

CECILLE, Sicile. 74.

Ceincture, virginité. 68.

CELESTINS, 30, 82, 98.

Celle, cette. 104.

Cendal, 68. Etoffe de soie

orientale, ordinairement rouge. (P. L.)

Ceps, 13. Fers qu'on mettait aux pieds des prisonniers.

CERBERUS, Cerbère, le chien qui garde la porte des enfers. 46.

Cervoise, 48.

CÉSAR (*Jules*), 120.

Chaille (ne leur). qu'ils ne s'en inquiètent pas. P. 73.

Chambres, privés. 204.

CHAMBRE AUX DENIERS, 89.

CHAMP-TOURCÉ, 151. Chantocé ou Champtocé, village du département de Maine-et-Loire.

Chandeaux, vers louangeurs (?). 112.

CHANGON, voy. *moutonnier*.

Chapeau de laurier, couronne. 2.

CHAPPELAIN (*le*), p. 93, était quelque ami de Villon qui portait ce surnom. Villon lui lègue sa chapelle à simple tonsure (p. 93, v. 2). Le bénéfice à simple tonsure, selon Pr., était destiné à des clercs étudiants, et n'exigeait pas beaucoup d'instruction.

Chappin, savate (?). 61.

CHARLEMAGNE, 35.

CHARLES (*le grand*), Charlemagne. 24.

CHARLES VII, roi de France, mort en 1461, pendant le séjour de Villon dans la prison de Meung, p. 35.

CHARRUAU (*Guillaume*), 61.

CHARTIER (*Alain*), 91.

CHARTREUX, 31, 82, 98.

Chascun Poicdenaire, 171. Personnification de tous ceux qui n'ont pas d'argent.

Chastoy, correction, châtiment. 85, 142.

Chat « qui hayt pescher », qui a horreur de l'eau. P. 76.

Chault (il ne m'en), je m'en moque. 56, 157.

Chef, tête. 94.

Chenu, vieux, blanchi par l'âge. 40.

Cheoir, tomber. 111.

Chère, *chière*, mine, visage. — *Chère lye*, 187, mine joyeuse. — *Chère marrie*, 194, air de mauvaise humeur. — *Chère meslée*, 169, visage renfrogné. — *Chère rebourse*, mine refrognée.

Cherme, charme, 58.

Chet, tombe. 117.

Cheu, tombé.

CHEVAL BLANC, enseigne (?), 60.

CHEVALIER DU GUET. 92.

Chevance, avoir, argent, capital. 28, 89.

Chevaulcher, faire l'acte amoureux. 16.

Chevaucheur, celui qui va à cheval. 47.

Chevir, venir à bout, se tirer d'affaire. 184.

Chière, voy. *Chère*.

Chiet, tombe.

CHOLLET, 64.

Chosettes, petites choses, caresses amoureuses.

CHYPRE. Le roi de Chypre mentionné p. 36, v. 17, serait, selon Le Duchat, Pierre de Lusignan, qui vivait dans le XIVe siècle. Pr. croit qu'il s'agit plutôt de Guy de Lusignan, mort en 1194.

Cil, celui, 95, 111.

Clamer, appeler, crier. 102.

Claqdent, 176. Pays des gueux, à qui le froid fait claquer les dents. Plus tard on y fit voyager les malades qu'on traitait par le mercure. Leur itinéraire obligé était par *Surie, Bavière* et *Claquedent*.

CLAQUIN, *le bon Breton* (p. 36), Bertrand Du Guesclin, mort en 1380.

Clercs, clers, savants, hommes instruits. 71, 120. — écoliers, étudiants, 15, 86 ; — garçons de divers métiers. Les *clers Eolus*, p. 123, sont les vents. Les garçons d'hôtellerie sont appelés clercs, p. 207. Quand on dit de nos jours un *clerc de perruquier*, par exemple, on fait une plaisanterie qui n'est pas nouvelle.

Cler, clair, pur. 56, 106.

Clergeon, écolier, petit clerc d'homme de loi. 11, 71.

Cliquepatins, 98, traîne-savates. (Le Duchat.)

Clorre, clore, fermer.

CLOTAIRE, 105.

CLOVIS, 106.

Coettes, lits de plume (p. 64). Ce mot paraît être employé ici dans un autre sens.

Coing, le coin qui sert à battre monnaie. 8.

Cointe, jolie, gentille. 147.

COLIN DE CAYEULX, 86.

COLIN GALERNE, 85.

Collatérales (espèces), 18. Termes d'école, qui signifient les facultés dépendantes de la mémoire. (P. L.)

COLOMBEL, 96.

Com, comme.

Combien que, bien que, quoique.

COMBRAYE (*le seigneur de*). 199.

Commander, recommander. 163.

Commens, Commentaires. 25.

Compaings, compagnons.

Compasser (?). 171.

Complaindre (se), se plaindre, se lamenter. 120, 140.

Conclure, vaincre dans la dispute, mettre à bout d'arguments. 81, v. 2.

Congnoistre (soy), se reconnaître. 160.

Conjoindre, réunir. 64.

Conseiller, agir avec prudence. P. 7, v. 5.

CONSTANTINOBLES. L'empereur de Constantinople, *aux poings dorez*, dont parle Villon (p. 36, v. 22), serait, selon M. Pr., l'empereur Basile, souverain très-libéral.

Conte, comte. 135.

Contemplation, employé dans un sens équivoque. 66.

Contendre, disputer. 78.

Contraict, déformé, recourbé, contracté. 41.

Contregarder, garder. 203.

Contrepoint (entendre le), être habile. 196.

Convenir, falloir. 38, 185.
Convent, couvent. 37.
Convoyer, convier. 197.
Coquart, coq. 49.
Corbillon, panier. 113.
Cordeliers, 175, 179.
Cordoen, cuir. 23, 139.
Cordouennier, ouvrier en cuir, cordonnier.
Cornu (*Jean*), 59.
Cotard (*Jehan*), 22, 68. Le procureur en cour d'Église qui défendit Villon lors de son premier procès, en 1456.
Cotteret, cotret. 207.
Coucher, mettre au jeu. « Qui pour si peu couche tel gage. » P. 86.
Couillart, coulart, canon à main, long et mince. Employé dans un sens équivoque. 153.
Coullon, p. 99, rime avec *vermillon, carillon, Villon*, ce qui donne assez clairement le sens du mot et la façon dont se prononçait le nom du poëte.
Courage, cœur. P. 107, v. 18.
Courault (*Jehan*), 77.
Courre, courir. P. 65.
Coursé, fâché, courroucé. 37, 151.
Courtault, 154. Canon portatif. Employé dans un sens équivoque.
Courtissain, courtisan. 173.
Coustelez, 171. M. P. L. traduit ce mot par armés.
Coute, coude. 135.
Coutel, couteau.
Craon, 152.

Créance, croyance, opinion. 114.
Crepelle, coupelle. « Argent de crepelle » (p. 48), argent épuré.
Crête, 46.
Creu, grandi, accru. 70.
Croire, faire crédit, prendre à crédit, parfois en donnant un gage. P. 159, v. 26-27.
Croix, argent. Ce que Villon appelle irrévérencieusement la vraie croix (p. 115-116), c'était la marque empreinte sur la plupart des monnaies du temps, et qui a été depuis remplacée par l'effigie du prince. *Pile* désignait le revers. On joue encore à *pile ou face*. « Sans croix ne pile », sans argent.
Croppetons (*à*), accroupi. 41.
Crosse (la), 15. M. Prompsault croit qu'il s'agit d'une potence.
Crostes, croûtes. 98.
Cry, 168, cri d'armes.
Cueur (*Jacques*), 32.
Cuider, croire.
Culdou (*Michault*), 72.
Curatez, curés. 180.
Cure, soin, souci.
Cures, 152.
Cuveaulx, cuviers, baquets. 77.
Cuyder, croire.
Cuyderaulx d'amours, 98, jeunes vaniteux, selon Pr.; M. P. L. rapproche de cette locution celle de « cuydeurs de vendanges », employée par Rabelais (*Gargantua*, ch. 25).

GLOSSAIRE-INDEX.

Cy, ici.
Cy pris, cy mis, donnant, donnant. 191.
Cymballer, jouer des cymbales. 87.

D

Damoiselin, de damoiseau.
Danger 119. « A danger emprunter argent », c'était, si je ne me trompe, emprunter à dix pour cent.
Dangier, danger, péril. 8.
DAUPHIN (le), 24. Joachim de France, fils de Louis XI et de Charlotte de Savoie, sa seconde femme, mourut en bas âge.
DAULPHIN *de Vienne et de Grenobles* (p. 37). Le Dauphin de Viennois résidait à Grenoble. (Pr.)
DAVID (p. 46, v. 11). Jolie allusion à son amour pour Bethsabée.
Dea! exclamation : Dame !
Debouté, rebuté. 110.
Debteur, débiteur. 96. Villon, comme on le fait encore souvent, emploie ce mot dans le sens de *créancier*.
Debuer, laver, lessiver. 102.
Déchassé, banni, chassé, 10.
DÉCRET *Omnis utriusque sexus*, 10. Ce décret a été porté par le quatrième concile de Latran, tenu en 1215. Il ordonne à tous les chrétiens de l'un et de l'autre sexe de confesser leurs péchés à leur propre pasteur, au moins une fois l'an. En 1489, les religieux mendiants obtinrent de Nicolas V une bulle datée de Pise, 2 octobre, qui leur donnait le pouvoir de confesser, au préjudice des droits des curés, établis par le canon que nous venons de citer. L'Université se leva contre, tint plusieurs assemblées, dans l'une desquelles les Mendiants furent exclus de son sein. Les évêques de France se joignirent à elle. Des députés furent envoyés à Rome, et en rapportèrent une bulle de Calixte III qui révoquait celle de Nicolas V. Cette affaire était à peine terminée, ou même ne l'était pas encore, quand Villon composait son Petit Testament. Témoin du zèle chaleureux des curés de Paris, il leur lègue le canon *Omnis* pour le remettre en vigueur. (Pr.)
DEDALUS, Dédale. Sa « court » (p. 122, v. 7) était son célèbre labyrinthe, où il fut enfermé lui-même.
Dedans, d'ici à... « Dedans ces Pasques. » (P. 12, v. 4.)
Dédié, consacré. « Et à bonnes mœurs dédié » (p. 29, v. 5).
Deffaçon, ruine, destruction. 8, 58.
Deffuyr, éviter, négliger. 84.
Dejeter, retirer. 54.
Delivre, quitte, libéré. 181.

Demener, mener, faire, gouverner, 32, 83, 109.

Demonstrance, démonstration. 186.

Demourant (le), le reste.

Demourée, retard, séjour. 191.

Demourra, restera. 32.

Demourroit, resterait. 121.

Demy-ceinct, p. 33 «Ceinture d'argent avec des pendants auxquels on attachait la bourse, les clefs, etc.» (P. L.)

De par, au nom de. 9.

Départir, départ. P. 100, v. 8.

Departir, partir, se séparer. 9, 142, 196, 204, 205.

Departir, donner en partie, accorder une part. 9, v. 3.

Deporter (se), cesser, renoncer. 109.

Desbriser, maltraiter, martyriser. 7.

Deschaulx, nu-pieds. P. 92

Desclos, ouvert.

Desconfire, ruiner, détruire. 103, 106.

Descrier, décrier, 42, est dit des monnaies dont on interdisait la circulation par un cri public.

Descrire, écrire, rapporter. 146.

Deshait, 83, dispute, désappointement.

Desmarcher, reculer. 158.

Desnué, dépouillé. 14, 208.

Despartir (se), se séparer. 44.

Despendre, dépenser.

Despendu, dépensé. 28.

Desperance, désespoir. 122.

Despiter, défier. 48.

Despiteux, querelleur, hargneux. 31.

Despourveu, dépourvu. 14.

Desprins, dépourvu. 15.

Despriser, déprécier. 116.

Desplaisance, déplaisir.

Desroquer, 175, pour *dérocher*, terme de fauconnerie, qui signifie forcer la bête. (P. L.)

Dessaisiner (se), se dessaisir. 72.

Dessiré, déchiré. 148.

Destaindre, éteindre. 167.

Destourbier, trouble, embarras. 16.

Destre, droit. 198.

Desveillé, réveillé, ravivé. 18.

Desvier, dévier. 91.

Desvoyé, 156, égaré, écarté de votre bannière. (P. L.)

Detrayner, maltraiter. 40.

Détrenché, coupé, haché. 143.

Detterrer (se), perdre ses terres. 185.

Detz, doigts. 26.

Detz, dés. 63.

Deul, chagrin, deuil. 108.

Deul (je me), je me plains. 8.

Devaller, descendre 185.

Devant, ci-devant. P. 7, v. 9.

Devier, sortir de sa voie, mourir. 59, 110.

Dextre, droit, droite.

Dido, Didon. 86, 110.

Die, dise. 103.

Diffame, déshonneur. 44, 86.

GLOSSAIRE-INDEX.

Diffinir, définir, expliquer. 93.
DIJON, 37.
Dilation, retard, délai. 179.
DIOMEDÈS, 26
Discordez, désunis. 106.
Ditz, propos, discours. 43.
Diviser, causer, parler. 169.
DIX ET HUICT (les), 72, voy. *Bourse*.
Doint, donne.
Doller, travailler de la doloire. 64.
Doncques, donc.
D'ond, d'où. 114, 156.
DONNAIT (70). On appelait *Donat*, ou *Donet*, la grammaire d'Ælius Donatus, intitulée *De octo partibus orationis*, laquelle était en usage dans toutes les universités de l'Europe, et surtout dans celles de France. (P. L.)
DOUAY, 22.
Doubtance, doute. 201.
Doubte, supposition, crainte. 43, 204.
Doubter, craindre, redouter. 97.
Doulche, douce. 134.
Doulouser (*se*), se plaindre, se lamenter. 32, 140.
Douver, faire des douves. 64.
Douzain, petite monnaie. 173.
DOUZE (sergent des), 62. Douze sergents étaient particulièrement attachés au prévôt de Paris et lui tenaient lieu de garde. (Pr.)
Doye, doive. 141.
Drapel, linge. 104.

Drapelle, linge, habits. 48.
Drapilles, linge, hardes. 88.
DU BOYS. 64.
DU RU (*Guillaume*). 97.
Du tout, entièrement, complétement. 16, 21.

E

ECHO, nymphe, 34, 110.
Edit, adresse, invention. 192.
Effimère, éphémère. 53.
Efforcer, contraindre. 104.
Effroyé, 156, effarouché, avec un air menaçant. (Pr.)
EGIPTE, Egypte. 120.
EGYPTIENNE (l'), Ste Marie l'Egyptienne. 55.
El, elle. 9, 84.
Embattre (s'), s'abattre. 75.
Embesongné, occupé, affairé. 204.
Embler, voler. 159, 161. Se dérober, 211.
Embroché (*vin*), mis en perce. 30.
Emmy, au milieu de.
Empescher, 71, occuper, embarrasser.
Emperier, empereur. 36.
Emperière, impératrice, souveraine. 55.
Empire (*ciel*), l'empyrée. 103.
Emprès, auprès de.
Emprise, entreprise.
Enchanter, ensorceler. 117.
Encliner (*s'*), avoir de l'inclination. 72.
Enclos, enfermé. 106.

Encombrement, tristesse, ennuis. 144.

ENFANS PERDUZ. 85, 86. Jeunes compagnons de Villon.

ENFANS-TROUVEZ, 85.

Enfermes, infirmes. 91.

Enfondu, 16. Creux et décharnez, dit Marot. — Ne pouvant se soutenir. (Pr.)

Engigner, tromper. 68.

Engin, esprit, intellect. 196. — Invention, tour d'adresse. 171.

Engrillonné, attaché avec des menottes. 26.

Enhort, exhortation. 25.

Enhorter, exhorter.

Enmouflé, chaussé de *moufles* ou pantoufles, selon Pr. et M. P. L. Je croirais que cela signifie plutôt *emmitouflé*.

Enné (p. 82), sorte de juron, parent de *enda, parmanenda* (par mon âme).

Ennuyt, aujourd'hui, ce soir. 193, 204.

Enquerir, rechercher. 35.

Enserré, enfermé. 15.

Ensuyvre, suivre, imiter. 2.

Entandiz, pendant ce temps. 112, 121.

Entendre, connaître, savoir : « J'entends que ma mère mourra.» (P. 32, v. 25.)

Entente, intention, projet. 49.

Entour, autour de.

Entrepreneur, survenant qui se mêle des affaires de quelqu'un, qui *l'entreprend*. 194.

Entr'œil, espace entre les deux yeux. 40.

Envers, à l'envers, renversé. 111, v. 5.

Envys, malgré soi. 70.

EOLUS, 123. Les « clerc Eolus » sont les sujets de ce dieu, les vents.

ERACE, père de Villon, 31.

Erre, voie, chemin. 57, v. 17. — *Grand erre*, promptement, tout de suite. 53. — *A son erre*, en train, en voie. 95.

Ès, aux, dans les.

ESBAILLART, Abailard. 34.

Esbatans, joyeux, aimant à s'amuser, à s'ébattre. 72.

Esbatement, amusement. 119.

Esbaudiz, privés de joie. 164.

Escaché, écrasé. 67.

Escarbouillé, écrasé. 148.

Eschec et mac (être), échec et mat. Terme du jeu d'échecs. 205.

Eschever, éviter. 88.

Eschoicte, échéance, héritage. 111.

Esclat, 83, bâton, échalas.

Esclin, 169. Escalin, petite monnaie allemande (*schilling*).

Escollier, étudiant, jeune homme qui suit les cours de l'Université.

Escondire, refuser. 104.

ESCOSSOYS, 68.

Escourgeon, sorte de fouet. 13.

Escoutans, auditeurs. 183.

Escouvillon, balai de four. 19.

Escovette, balai, du latin *scopa*. Les « chevaucheurs d'escovettes » (p. 47, v. 4) sont les sorciers, qui vont au sabbat à cheval sur un balai.

Escreuz, 165. Bien faits, selon Pr.

Escriptures, écrits, ouvrages. 2.

Escuz, écus, monnaies d'or ou d'argent, de valeurs diverses, p. 56, 70, 145, 147. — Prendre écus pour douzains, p. 173, c'est ne pas regarder à l'argent. — « Escuz telz que prince les donne, » p. 17, peut s'entendre des armoiries.

Esgrun, 166, Amer, du bas latin *egrunum*. (P. L.)

Esguière, vase à mettre de l'eau. 198.

Esguilletez (pourpoinctz), 88, pourpoints garnis d'aiguillettes.

Esguisé, aiguisé. « Esguisez comme une pelote » (p. 25, v. 4), obtus.

Esjouir, *esjoir*, réjouir.

Esles, ailes. 153.

Eslocher, ébranler. 103.

ESMAUS (les pelerins d'), 25. Voy. *Evangile selon S. Luc*, chap. XXIV.

Esme, 23, pour *estime*, estimation, intention. (P. L.)

Esmerillon, 100. L'émérillon est le plus petit des oiseaux de proie qu'on dressait pour la chasse au vol. (P. L.)

Esmérillonné, gai, vif. 170.

Esmolu, émoulu, aiguisé. 147.

Esmorcher, nettoyer, purifier. 76.

Esmoyer (s'), s'inquiéter.

ESPAGNE. Il serait difficile de dire quel est ce valeureux roi d'Espagne (p. 35, v. 18), dont le poëte ne savait pas le nom. (Pr.) M. P. L. suppose que c'est Jean II, roi de Castille et de Léon, qui régna jusqu'en 1454.

Espani, épanoui. 58.

Espasmie, pâmée. 147.

Espartir, épandre, répartir, 18.

Especiaulx, 169. D'un mérite tout particulier. (P. L.)

Esperviers (gens à porter), 62. Gentilshommes ayant le droit de chasser au vol. M. P. L. remarque que l'épervier est aussi un filet de braconnier.

Espie, espion, guetteur. « Aux champs debout comme ung espie » (p. 105), veut dire pendu.

Espoindre, piquer, exciter. 100.

Espoir (j'), j'espère, 110.

Espois, épais. 112.

Essoine, *essoyne*, embarras, tourment. 15, 34.

Estaux, étaux. 16.

Estable, stable. 24.

Establis, étaux des marchands. 13.

Estaing, étain. 9.

Estamine, étoffe claire.

Estan, étang. 34.

Estature, stature, portrait. 94.

Estœuf, éteuf. 49.

Estomac d'alouette (?). 168.

ESTRADER, battre l'estrade, escarmoucher. 154.

Estradeur, batteur d'estrade, coureur de fortune. 174.

Estrange, étranger. 70, v. 15; 103, 184.

Estranger, éloigner. 43, v. 15.

Estre, demeure, hôtel. 191.

Estre, état, existence, manière d'être. 42, 157. — *En estre*, p. 73, en état.

Estrenes, étrennes (p. 37, v. 23). Villon, qui se dit mercerot de Rennes, se compare à un marchand qui désire étrenner avant de fermer boutique. (P. L.)

Estrif, estry, débat, querelle, dispute. 15, 178.

Exaucer, élever, monter. 183.

Extimative, qui juge, qui apprécie. 18

Extrace, extraction, lignée. 31.

F

Fable, mensonge. 76.

Faictisses, jolies, bien faites. 40.

Faille, faute. 153.

Faillent, manquent. 8.

Faillir, manquer.

Failly, découragé, abattu. 28.

Fainctes, 87. Momeries ou mascarades. H. L.

Faintis, trompeur, 87.

Faitard, paresseux. 22, 69.

Fantasie, imagination. 18.

Farcer, faire ou jouer des farces. 87.

Fardelet, 114, petit fardeau. Saturne préparait le fardeau que chaque mortel devait porter pendant sa vie.

Fastée (la). Je ne sais pas ce que signifie ce vers : « faire ung soir pour soy la fastée » (p. 91). D'autres éditions portent *la saffée*, ce que je ne comprends pas davantage.

Faulse, méchante. 57.

Fault, faut, manque.

Faussart, fauchard, sorte de hallebarde.

Fausserie, fausseté, fausse accusation. 105.

Feautre, feutre, 48, 63.

Fenestres. Les fenêtres servaient de montre aux marchands pour étaler leurs marchandises. « Et pain ne voient qu'aux fenêtres » (p. 30, v. 12) est dit des pauvres *gallans* qui n'avaient pas de quoi manger. — *Clorre fenestre*, 42. Fermer boutique.

Ferir, frapper.

Fictions, feintes, tours de finesse. 184.

Fière, frappe. 39.

Fiert, frappe.

Filetz, bouts de fil, 29.

Finablement, finalement, enfin. 2

Finer, finir, achever. 18, 143. — Obtenir. « De feu je

n'eusse pu finer » (p. 18, v. 28).

Fix, fics, terme de médecine. 77.

Flambans, enflammés. 76.

Flambe, flamme. 155.

Flans, sorte de patisserie. 71.

FLORA, 34. Il y a eu plusieurs courtisanes romaines de ce nom. La plus célèbre est la plus ancienne, à qui l'on attribue l'institution des florales. Une autre Flora fut maîtresse du grand Pompée. (P. L.)

Flou, mince, fluet. 64.

Flours, fleurs. 145.

Foleur, folie. 58, 113, 114.

Foncer, donner de l'argent, des fonds. 174.

Font, fontaine, source. 105.

Forclorre, délivrer, mettre hors. « Pour forclorre d'adversité », p. 15.

Formative (faculté), faculté d'inventer. 12.

Fors, excepté, hormis.

Fort (au), au fond, après tout. 161, 170.

Fouir, fuir. 8.

FOURNIER, 61, le procureur de Villon, qui lui avait « sauvé maintes causes justes ».

Fourrer le poignet à la bourse, tirer de l'argent. 136.

Fouterre, voy. MICHAULT.

Fouyr, fuir. 141. — Creuser. 120.

FRANC-GONTIER, 78. M. Paul Lacroix a publié récemment, à la suite des *Testaments* de Villon, le *Banquet du Bois,* qu'il regarde comme la pièce contre laquelle sont dirigés les *Contredictz de Franc-Gontier,* et qu'il croit une œuvre de la jeunesse de Villon.

FRANCE, 36, 121. Le très noble roi de France, « sur tous autres roys decorez », dont parle Villon (p. 36, v. 23), était, selon M. Pr., saint Louis.

Franchise, puissance, domination (p. 39, v. 9).

Franchy, affranchi, délivré. 23.

FRANÇOIS, promoteur de la vaquerie. 68.

FREMIN, 51.

Frez, frais. 85.

Friquet, élégant, fringant. 169.

Fromentée, sorte de gâteau dont Taillevent donne la recette. 90

Fruiction, bénéfice, profit. 166.

Fruire, profiter, tirer avantage. 166.

Fume, fumée. 75.

Fumer (se), se mettre en colère, s'emporter.

Fuste, bateau, petit navire, de *fustis,* bois. 26.

G

Gallans, jeunes gens, joyeux compagnons.

Gallans sans souci, p. 212. Ce sont peut-être les Enfants

sans souci, écoliers et basochiens, qui s'étaient mis en société à la fin du XVe siècle pour jouer des farces et des soties. Clément Marot fit partie de cette bande joyeuse. (P. L.)

Galles, plaisir, jouissances, gaies parties.

Galler, se réjouir, mener joyeuse vie, se gaudir. 27.

Garnier, 104.

Gastaneaux, 112. Prompsault a lu *Gastaveaux*, qu'il traduit par grelots. J'ai suivi la leçon de La Monnoye.

Gaudisseur, plaisant, farceur. 194.

Gect, 118. Jetons servant à compter.

Gehaine, instrument de torture. 144.

Gendarme, genderme, soldat, homme d'armes.

Genevois, 73.

Genoillon (à), à genoux. 54.

Geu, couché. 89.

Gippon, jupon, robe. 117.

Girard (*Perrot*). 65.

Gisans, ceux qui sont couchez. 16.

Glic, jeu de cartes qu'on appelait aussi *la chance*. P. 87.

Glocus, 123. La forêt où règne Glaucus, c'est la mer. (P. L.)

Gluyons de feurre, bottes de paille. 14, 50.

Godet de grève, 61. Grand pot de grès à mettre du vin. (P. L.) Je crois qu'il s'agit plutôt de quelque abreuvoir situé place de Grève.

Gogo, 84. « Il semblerait que *gogo* ait été synonyme de *rufien* dans les mauvais lieux. On a dit de là *vivre à gogo*, du latin *gaudium*, dont on avait fait *gogue*. Le mot *goguette* est resté. » (P. L.)

Gonne, vêtement de moine, tunique, froc. 118.

Gorgerin, 68. C'était une pièce de l'armure destinée à protéger la gorge de l'homme d'armes. Nous croyons que Villon appelle *gorgerin d'Escossoys* la corde d'une potence. (P. L.)

Gorgias, élégant, richement vêtu. 168, 169, 172.

Gorriers, gorrières, 179, hommes et femmes élégants, vêtus richement et à la mode.

Gourt (être à son), p. 201, être à son affaire, être content.

Gouvieulx, voy. Ronseville.

Goyères, sorte de gâteaux. 81.

Grâce (par qui), par la grâce de qui. 9.

Grafignier, déchirer avec les ongles. (Pr.)

Gramment, beaucoup, grandement. 156, 199.

Grand-Turc, 122.

Grat, action de gratter la terre pour trouver quelque chose, comme les poules. « Au grat, la terre est dégelée! » P. 177.

Greigneur, plus grand, *grandior*. 58.

GRENOBLE, 37.
Grève, jambe. 61.
Grever, charger, blesser. 94, 134, 155, 161.
Grez, 60, pierre à aiguiser. (Pr.)
Grez, gré. « Prendre en gré », avoir agréable, savoir se contenter (p. 88).
GRIGNY, 73.
Grille, prison. 84.
Gris blanc, *gris perdu*, p. 168, sortes de fourrures.
Grivelé, marqueté, moucheté comme les grives. 41.
Groiselles, groseilles. « Mascher des groiselles (p. 46, v. 26), c'est ce qu'on appelle maintenant avaler la pilule. »
Groñgnée sur l'œil, emplâtre ou meurtrissure. 16.
GROS VALLET, 155. C'était un des servants de l'homme d'armes. Il faisait partie de ce qu'on appelait une *lance fournie*, c'est-à-dire les trois ou quatre combattants qui devaient accompagner un homme d'armes et marcher à ses côtés dans la bataille. (P. L.)
Guerdonner, récompenser.
Guermenter (se), 32. Se lamenter, se plaindre. Voy. Cotgrave.
Guerrier, guerroyer. 119.
GUESDRY GUILLAUME (p. 72). Le même que Guillaume Gueuldry, p. 15. M. P. L. pense que « la maison Guesdry Guillaume » était le pilori ou la maison du bourreau.
Guet (chevalier du), 92.
On donnait le titre de chevalier au capitaine du guet, parce qu'il était resté peut-être seul en possession de l'ordre de l'Etoile, créé par le roi Jean. (Pr.)
GUILLEMETTE *la tapissière*. 42.
GUILLEMIN, 153.
GUILLOT GUEULDRY, p. 15. V. GUESDRY.
Guin d'œil, regard, clin d'œil. 168.
Guisarme, *guysarme*, 67, 147, espèce de hache à deux tranchants. (P. L.)
Guise, mode, façon, manière. 139, 168.

H

Habité, 170, ayant maison, habitation.
Habitué (bien), ayant de belles manières. 196.
Hahay! exclamation. 139.
Haict (de bon), de bon cœur, avec plaisir, avec empressement. P. 83.
Hamée (?), 121.
HANNIBAL, Annibal. 120.
Hardis, p. 172, v. 24, liards. Petite monnaie qui avait cours sous Philippe le Hardi.
HAREMBOURGES (p. 34, v. 20), Eremburges, fille et unique héritière d'Elie de la Flèche, comte du Maine, mort en 1110. (Pr.)
Harier, tracasser. 102.
Hasles, hâle. 88.

Havée, poignée, poignée de main. 61, 169.

Havet, 60, croc. (Pr.)

Hayneurs, qui détestent. 90.

Hayter, profiter, réussir. « Riens ne hayt que perseverance. » (P. 25, v. 14.)

Heaulmière, marchande de heaumes. 39.

Hebergement, accueil.

HECTOR, 74.

HÉLÈNE, HELEINE, 33, 122.

HELOÏS, Héloïse, nièce de Fulbert, amante d'Abailard 34.

HENRY (maistre), 85. « Henri Cousin était alors bourreau et tourmenteur-juré de la prévôté de Paris.» (P. L.)

HERODE (p. 46) fit décapiter saint Jean Baptiste, sur la demande de la danseuse Hérodiade.

Herroit, haïrait. 59.

HESSELIN (*Denys*). 60.

Hez, hais. 138.

Histoire, ornement. « Sans autre histoire », 94. Au quinzième siècle et au commencement du seizième, on appelait *histoires* les gravures dont les livres étaient ornés.

Ho! assez! halte là! P. 71, v. 9.

Hober, remuer, bouger.

Hohecte (p. 63). Si ce n'est une sorte d'exclamation, c'est incompréhensible.

Hoirs, héritiers.

HOLOFERNES, 121.

Hom, homme, on. 18, 120.

Hostel, maison. 82.

HOTEL-DIEU de Paris, 85.

Houseaulx, houses. Sorte de chaussure. 14, 73, 76, 158.

Housseurs, 119. Voy. *Notes*, p. 223.

Houx, houssine, baguette. Les muguets portaient des houssines ou cravaches à la main, pour montrer qu'ils avaient des chevaux à l'écurie. (P. L.)

Hucher, crier, appeler à haute voix. 70.

Hucque, 12, camail à capuchon, que les hommes de toute condition portaient au XVe siècle (P. L.)

HUE CAPEL, Hugues Capet. 104.

Humblesse, humilité. 205.

Hutin, bruit, bataille. 98, 162.

Hutinet, bruit, brouillerie. 64.

Huy, aujourd'huy. 38.

Huys, porte.

I

Icelle, cette.

Idolatryer, tomber dans l'idolatrie. 45.

Ilce, cela. P. 62, v. 16.

Istroit, sortirait, 145.

Ils, ilz, elles. « S'ils n'ayment fors que pour l'argent. » (P. 43, v. 19).

Impartir, accorder, donner. 9, 55.

Impêtrer, obtenir. 42.

Impourveu, pauvre, qui n'est pas pourvu de biens. 14.

Informé, instruit. « Informez en meurs » (p. 71), bien élevés.

INNOCENS (les), cimetière de Paris, 89.

Inventoire, compte fait.

ISABEAU, 82.

ISLE (L'). Lille en Flandre, p. 45.

J

Jà, déjà, certainement.

Jacobins, glaires, flegmes. 49.

Jacobines (soupes), bonnes soupes grasses. 66.

JACOPINS, Jacobins. 13, 82, 179.

Jacques (p. 158). Les Francs Archiers portaient des *jacques* ou cottes de mailles sous leur hoqueton ou casaque. (P. L.) Il y avait des *jacques* de toutes sortes d'étoffes. Nous disons encore *jaquette*.

JACQUELINE, 82.

Jalet, galet, caillou. 114.

Jambot, p. 84. Petite jambe, membre viril.

JAMES, (*Jacques*), 92, 97.

Jargon jobelin, argot, 179.

Jargonner. p. 118. « Je congnois quand pipeur jargonne », veut dire : je connais l'artifice du chasseur à la pipée.

Jasoit, quoique, 138.

JASON, *Jazon*, 121.

JEHAN de CALAYS, 93.

JEHAN LAURENS, p. 180. Personnification du peuple, qui apportait de l'argent aux *pardons*, ou peut-être un nom donné aux *pardonneurs*.

JEHANNE, 173.

JEHANNE DE BRETAIGNE, 84.

JEHANNE, la bonne Lorraine (p. 34, v. 21), Jeanne d'Arc.

JEHANNETON, 49.

JEHANNETON *la Chaperonnière*, 42.

Jengleresse, menteuse, 55.

Jeu d'asne (p. 82), jeu d'amours. M. P. L. suppose qu'on devrait lire le jeu de dame. C'est la même chose.

Jeux, pièces dramatiques, 87.

JOB, 29, 122.

Jobelin, argot. 169, 179.

Joinctes, jointures, articulations 33.

JONAS, 122.

Joncherie, plaisanterie, raillerie, friponnerie. 104, 189, 190.

JOUVENEL (Michel) (p. 96), huitième fils de Jean Jouvenel des Ursins, fut bailli de Troyes, et mourut en 1470.

JUDAS, 122.

JUDIC, *Judith*. 110, 121.

JUIFS, 103.

JUNO, Junon. 122.

Jus, bas, à bas. 76, 156, 159.

JUSQU'IL, jusqu'à ce qu'il.

K

KATHERINE *la Bouchière*, 42.

KATHERINE DE VAUSELLES, 46.

L

L'en, on, l'on.
Là sus, là haut. 103.
LA BARRE, 50, 57, 63.
Labit, 175, décadence, de *labes* (P. L.).
Labour, travail, labeur. 88.
Laboureux mestier, état de laboureur. 79.
LA GARDE (Jean de). 17, 73, 96.
LA HIRE. 155. Étienne Vignoles, dit La Hire, fut un des plus braves capitaines de Charles VII. Il se distingua dans les guerres contre les Anglais, et mourut à Montauban en 1442. (P. L.)
Laidanger, injurier, railler. 43.
L'AIGLE, 152.
Lairra, laissera.
Lairray, laisseray.
Lait, laid.
Laiz, laïques. 33.
Lame, pierre tumulaire. « Quant est du corps, il gyst soubz lame » (32, v. 23).
LAMESOU (*le seigneur de*), 200.
LANCELOT, *le roi de Behaigne* (p. 36, v. 6). Pr. a cru voir dans ce personnage La-

dislas V, prince d'une rare bravoure, tué à la bataille de Varnes en 1444, et qui régnait sur la Pologne, la Bohême et la Hongrie. M. P L. remarque avec raison que *Lancelot* ne ressemble guère à *Ladislas*.

LANTRIQUER, nom breton de la ville de Treguier. 157.
Laqs, filets, piéges. 78.
Larmoyer, pleurer, verser des larmes. 141.
LA ROCHE, 155. Le seigneur de La Roche était un des bons capitaines de Charles VII. Il s'attacha à la personne du Dauphin Louis, et le suivit dans ses révoltes contre son père. On le voit figurer parmi les familiers du Dauphin dans les *Cent nouvelles du bon roy Louis XI*, où il est toujours nommé « monseigneur de La Roche ». (P. L.)
LA ROCHEFOUQUAULD, 152. Ce ne peut être que Foucauld, 3e du nom seigneur de La Rochefoucauld, de Marsillac, etc., conseiller et chambellan de Charles VII, fait chevalier sur le champ de bataille, en 1461. (P. L.)
Las, lacs, filets. 47.
Lasse! hélas. 32.
Lassus, là haut. 91.
Latin, langage, parler quelconque. « Je n'entends point vostre latin. » 202.
LAURENS (Jehan), 68.
Lavaille, eau qui a servi à laver. 76.
Lay, laïque 44.

Lay, pièce de vers. « Ce lay contenant des vers dix. » P. 59, v. 4.

Lays est employé, dans la préface de Marot et dans les deux Testaments, dans le sens de legs.

Lé, large « Tant qu'il a de long et de lé » (23, v. 22).

Lealle, loyale. 134.

Léans, là dedans.

LE CAMUS SENESCHAL, 92.

Lectry, lutrin. 15.

Légèrement, vivement, promptement.

LE LOU (*Jehan*), 64.

Lembroysé, lambrissé. 68.

Lermes, larmes.

Lerz, loirs. 72.

Leschier, rechercher les bons morceaux se livrer à sa gourmandise. 28.

Lettres, savoir, connaissances. « Sans plus grandes lettres chercher » (p. 71, v. 7).

Lez auprès, à côté de.

Lians, liens. 106.

Librairie, bibliothèque. 54.

Lice, lisière, laisse. 171, v. 21.

Lit de parement, 89. C'était un grand lit d'honneur, avec dosseret, dais et courtines, chevet, couvrepied, marchepied, chaire d'attente, prie-dieu, etc. (P. L.)

Ligne, 69, lignée, race.

Linget, mince, délié. 64.

Lisse, chienne, p. 171, v. 20

LOMBART, 50. Synonyme de juif ou usurier. (P. L.) Plusieurs banquiers, juifs d'origine, lombards de nation, vinrent s'établir à Paris dans la rue qui porte leur nom. Comme ils prêtaient à gros intérêts, le peuple donna le nom de *lombards* aux usuriers et prêteurs sur gages. (Pr.)

— *Art lombard*, 171, art d'attraper de l'argent.

LOMER, 91.

LORRAINES, 81.

Los, lot. 134.

LOTH, 69.

LOUVIERS (Nicolas de) ou de Louvieulx, 17, 62. Prompsault croit qu'il s'agit d'un bourgeois de Paris qui concourut à remettre la ville de Paris entre les mains de Charles VII, et qui fut fait conseiller à la Chambre des comptes par Louis XI.

Loyaument, loyalement.

Loyer, récompense. 45.

Loys, le bon roi de France Louis XI, p. 23.

Loz, louange. 109.

Lubres (p. 95, v. 3), sombres et tristes, dit Pr.

LUCRESSE, Lucrèce. 118.

Lunettes, yeux, vue. Samson fut livré par Dalila aux Philistins, qui lui crevèrent les yeux. C'est ce que Villon rapporte ainsi p. 45, 2. 21 : « Samson en perdit ses lunettes. »

Lutter, faire le métier de baladin. 87.

Luz, luths. 55.

Ly, le, les. 36.

LYMOUSINS, 185, 199, 202.

LYSLE EN FLANDRE, Lille. 22.

Lysses, lices, luttes : « à tenir amoureuses lysses » (p. 40, v. 29).

M

M', mon, ma. « Par m'ame. » 73.
MACÉE *d'Orléans*. 68.
Macher, manger. 187.
MACQUAIRE, 76.
MACROBE, 81.
MAGDELAINE (*la*), 122.
Maignan, chaudronnier. 119.
Maille, petite pièce de monnaie. 86, 180, 208.
Maille, pas du tout. « Je ne vous crains pas maille », 151.
Mailler, battre à coups de marteau, de maillet. 116.
Maillon, maillot. 54.
Main mise, 52. « Dieu nous garde de la main mise », nous préserve d'être pris.
MAIREBEUF. 17, 62.
Mais, plus. « Il n'a mais qu'un peu de billon. » (P. 19, v. 9.)
Mais que, pourvu que.
Maistre des testamens, 97. Je ne sais ce que c'était.
Maistrie, domination. 102.
Mal, *male*, mauvais, mauvaise.
MALCHUS, 199. Servir Malchus, c'était, selon M. P. L., servir un homme d'épée à la guerre, porter un épieu, une guisarme ou un coutelas, appelé *Malchus*, du nom de celui à qui saint Pierre coupa une oreille.

Mal gré, disgrâce. 58.
Malheureté, infortune, malheur, misère.
Mallement, méchamment, durement.
MALPENSÉ, 11. Personnage imaginaire, aux idées peu nettes.
Maltalent, méchanceté, colère. 36.
Mander, envoyer. 77.
Manna, manne. 107.
Manne. « Venir de manne » (73), venir du ciel, comme la manne.
Marché au filé (?), 80.
Marché (*hault et bas*), 195, toutes sortes d'affaires, y compris les affaires d'amour.
Marchesens (?), 175.
MARGOT (*la grosse*), 82, 83.
MARIE (*d'Orléans*), 105.
MARION LA PEAU TARDE, 91.
MARION L'YDOLLE, 84, 86.
MARIONNETTE, titre ou refrain de chanson. P. 91.
Mariottes, femmes mariées (?), 98.
MARQUET. 92.
MARTIN GALLANT, 185.
MASCHECROUE (la). Prompsault croit que c'est le nom d'une tavernière. M. P. L. pense qu'il s'agit des plaines arrosées par la Crou, petite rivière qui passe à Gonesse et à Saint-Denis.
Maschouère, mâchoire, 52.

Mate chère, triste mine. 52.

Mathelins (*l'ordre des*), 70, l'ordre des fous, des insensés. Peut-être la confrérie des Sots ou de Mère-Sotte, cette société joyeuse de poëtes et de comédiens, qui était alors la rivale de la Confrérie dramatique de la Passion. (P. L.)

Mathelineux, fou.

MATHIEU, p. 66. M. B. L. suppose qu'il s'agit de Mathieu de Gand, trouvère du XIIIe siècle, qui a écrit contre les moines.

Mathon, fromage mou. (P. L.)

MATHUSALÉ, Mathusalem, 23.

Mau, mauvais, 65, 84.

MAUBUAY, p. 63. La fontaine Maubuée (c'est-à-dire malpropre) était située à l'entrée de la rue de ce nom, qui n'avait alors que des filles et des mauvais garçons pour habitants (P. L.). Villon envoie Jean Raguyer boire à la fontaine Maubuée, 1.

Mauffez, le diable. Villon dit assez irrespectueusement que le prêtre, exorcisant les possédés, prend le diable par le col avec son étole (p. 36).

Mauldite, injuriée avec blasphème. (P. L.)

Maulgré, malgré. 158.

Maulx, mauvais. 106, v. 12.

MAUTAINCT, 74.

MEHUN, 24, 84.

MEHUN (*Jehan de*), continuateur du *Roman de la Rose*, 66.

Meins, moins. 154.

Meist, mit. 60.

MENDIANS (*frères*), 66, 98.

Menestrier, musicien. 45.

Menroit, mènerait. 201.

Mercerot, petit mercier. « Moy, pauvre mercerot de Rennes » (p. 37, v. 21), signifie gueux comme un *mercelot*, c'est-à-dire comme ces merciers ou porte-balles qui couraient le pays, et qui étaient affiliés aux bandes de gueux et de bohémiens.

Merciz, miséricorde.

Mereaulx, jetons qui servaient à faire les comptes.

Mérencolie, mélancolie, folie. 188.

Merir, mériter. 55, v. 8.

Merit, mérite. 52, v. 1.

MERLE, 70.

Meschance, misère, malheur.

Meschief, malheur, accident, 141.

Meschoir, arriver du mal.

Mescompter (*se*), s'exposer à des mécomptes. 7.

Mesdire, mentir. « Je le dys et ne croys mesdire. » (P. 28, v. 20.)

Meseaulx, lépreux. 76.

Meshaigné, blessé, en mauvais état. 152.

Meshaing, peine. 98.

Meshuy, p. 150. « C'est à meshuy ! » C'est maintenant, pour le coup ! — Aujourd'hui. 157.

Mesprendre, mal agir, 27. 42, 133.

Masprins, mal agi, 8.

Messaigières, entremetteuses. P. 80, v. 9.

Messe (seiche), 93, messe sans consécration.

Mestier, besoin. 61, 197, 200.

Mestier (bas), affaires d'amour.

MEUNG, p. 146. C'est le continuateur du *Roman de la Rose*, Jehan de Meung. Voy. MEHUN.

Meurdri, meurtri. 16.

Meure, mûre, fruit de la ronce. «Plus noir que meure.» (P. 28, v. 9.)

Meurté, maturité. 26.

MICHAULT DU FOUR, 63.

MICHAULT le bon fouterre, 57. Il y a dans le recueil publié par Barbazan un fabliau du *Foteor*; mais le héros du conte n'est pas nommé.

Mie, pas du tout. 62.

Miege, mégissier. 65.

Mignon, favori. 196.

Mignotte, jolie, mignonne. 41, 98.

Mineur, petit. «Haro, haro, le grand et le mineur!» (p. 58, v 11.) A l'aide, grands et petits!

Mirlificques, 185. Merveilles, pour *mirifiques*. (P. L.)

Misericors, indulgent, miséricordieux 22.

Miste, joli, aimable. 196.

Mitaines. L'avant-dernier vers de la page 46 fait allusion à l'usage, qui n'est pas encore complétement perdu, de donner des gants aux convives d'une noce.

Mitaines de fer, gantelets. 152.

Mocque, moquerie. 175.

Mol mollet. 61.

MONFAULCON, 215.

Monopolies, cabales, complots. 201.

Monstier, couvent.

MONTMARTRE, 81.

MONTPIPPEAU, 86.

MONT-VALÉRIEN, 81.

Moralitez (p. 87), pièces dramatiques dont les vertus, les vices, etc., sont les personnages.

MOREAU, 50.

Morillon (vin), p. 100. Vin rouge

Mors, mordu. 143, v. 18.

Mort. « Aller de mort à vie », p. 93, est un jeu de mots, l'inverse d'aller de vie à trépas.

MORTELLERIE (*Rue de la*), à Paris. 200.

Morteux, mortels. 159.

MORTIER D'OR. Paraît avoir été l'enseigne de Jehan de la Garde, l'épicier. (P. 17, v. 1.)

Moulier, femme, 46.

Moult, très, beaucoup.

Mouse, museau. 63.

Mousse, p. 173, v. 21. Vin On dit encore *moût* dans le sens de *vin nouveau*. (P. L.) Je crois qu'il s'agit plutôt des frais faits pour paraître, pour se faire *mousser*

Moustarde (aller à la), 91, faire grand bruit d'une

chose, s'en vanter, en parler à tout propos.

Moutonnier, 12. M. P. L. croit que Changon était un *mouton* ou faux compagnon que Villon avait rencontré dans les prisons, pour son malheur. C'est assez vraisemblable.

Muer, changer. 27.

Muguelias, muglias, 204. Sorte de parfum.

MULLE, 60, probablement une enseigne.

Musars, fainéants, 98.

Muser, s'amuser, perdre son temps. 79

Musser, cacher. 58.

Mye, point, pas du tout. 202.

N

N', ni 108.

NABUGODONOZOR, 122.

NANCY. P. 171. Ce souvenir du siége et de la bataille de Nancy, où les Suisses défirent le duc de Bourgogne, Charles le Téméraire, prouve, ainsi que l'a remarqué M. P. L., que le *Dialogue de Mallepaye et Baillevent* a été composé après l'année 1477.

Naquet, 169, jeune garçon, d'où *laquais* (P. L.). On appelait particulièrement *naquets* les garçons des jeux de paume.

NARCISSUS, Narcisse, 46, 122.

Natté, garni de nattes, suivant l'usage du temps.

« En chambre bien nattée », 78.

Naveau, navet. 48.

Navrer, blesser.

Ne, ni.

Ne que, pas plus que.

Nectelet, 169. Propret, bien vêtu.

Nennil, nenny, non.

Noailleux, noueux. 155.

NOÉ, 69.

NOÉ LE JOLYS, 46, 85. Probablement un ancien compagnon de Villon, qui le chargea dans son premier procès pour se disculper lui-même, et ne fut condamné qu'au tiers de la peine infligée à Villon. Celui-ci lui en gardait encore rancune lorsqu'il écrivit le grand Testament. (Huitain cxlii.)

Noise, bruit, querelle.

Nombrer, compter. 118.

NOTRE-DAME-DE-PARIS, 187.

Nourri, élevé, 2.

Noyse, bruyt, querelle.

Noysier, faire du bruit, quereller. 79.

Nully, nul, aucun, personne. 213.

Nuyctée, durée de la nuit. 78.

Nuysance, préjudice. 144.

O

O, avec. 69, 79.

Obstant, malgré, nonobstant.

OCTOVIEN, 122. Prompsault croit qu'il s'agit de

Caius Julius Cæsar Octavianus, qui fut empereur sous le nom d'Auguste.

Oës, oies. 92.

Onc, oncques, jamais.

Oppresse, oppression. 26.

Ord, sale.

Orbes, 115, aveugles, selon M. P. L.

Ores, maintenant.

Orfaverie, orfévrerie, bijoux, ornements en or. 68, 146.

ORLÉANS, 66.

ORPHEUS, Orphée, 45.

Orrez, entendrez.

Ost, armée.

Ostade, étoffe précieuse. 196.

Ot, entend. 51. — Eut, 46.

Ou, au. 29, v. 4; 106, v. 17.

Oubliance, oubli. 18.

Oultraige, courage intempestif, outrecuidance. 152, 154.

Oultrement, beaucoup, plus que de raison. 1.

Ouquel, auquel, dans lequel.

Ouvrer, travailler. 87.

Ouvrez vostre huys, Guillemette; refrain ou commencement de chanson. 91.

Oy, entends. 113.

Oystres, huîtres. 30.

Oyt, entend. 64, 68.

P

Paillart, gueux. 194.

Palais (le), à Paris, 185, 206.

Pallus, palux, marais. 55, 122.

Panon de Bissac (p. 155), pennon ou bannière de toile grise (P. L.).

Paour, peur.

Paouvre, pauvre. 9.

Papaliste, papauté. 35.

Papier (p. 51, v. 12), respirer, souffler.

Par tel, de telle façon. Peut-être le vers 22 de la page 181 devrait être ainsi : « Par tel si, qui veue ne l'aura. »

Pardoint, pardonne. 153.

Pardons, 180. Prières publiques, processions et autres pratiques pieuses auxquelles étaient attachées des indulgences particulières. (P. L.)

Pardonneurs, vendeurs d'indulgences, de pardons. 174, 180.

Parfaict, achevé. 188.

Parfond, profond.

PARIS, 33.

PARIS, 66, 80, 88, 101, 184, 199 et *passim*.

Parit, engendra. 51, v. 20.

Parmi, avec. 50. — Au milieu de, dans. 153. — A travers. 104.

Partement, départ.

PAS. Il est question, p. 74, v. 13 et suiv., d'un pas d'armes tenu par René d'Anjou, qui prenait le titre de roi de Sicile.

Passot (83). Pr. croit que c'est une lance; M. P. L., une épée courte.

Patac, patard, petite monnaie. 69, 199.

Patay, chef-lieu de canton dans le Loiret. 115. Pr. fait la remarque qu'il n'y a pas de forêt dans cette localité, et qu'il n'y vient pas de châtaignes.

Pathelin, 179, 196. Le héros d'une farce bien connue, qu'on a attribuée à Villon.

Pathelin, 166, 169, langage mielleux et plein d'artifices.

Paulme (en), dans la main. « Seur comme qui l'auroit en paulme », p. 72.

Pauquedenaire, p. 196, est présenté comme un homme expert en tromperies, comme Villon et Pathelin. Il n'est pas autrement connu. Voy. Poicdenaire.

Peaultre, 48. Suivant Cotgrave, le *peautre* est le gouvernail d'un navire. Dans l'*Ancien théâtre français*, t. II, p. 155, on trouve *battu comme peaultre*, ce qui équivaut à *battu comme plâtre*.

Peaussu, couvert d'une peau épaisse et ridée. 41.

Pehon, piéton, fantassin. 154.

Pel, peau. 143.

Peiner (*se*), se donner de la peine. 31.

Penancier, Penitencier, confesseur. 188.

Penart, lance ornée d'un pennon. 147.

Penessac (*monsieur de*), 200.

Per (?). « Reçoit son per et se joint à la plume », p. 74, v. 20.

Per ou non per, pair ou non, quoi qu'il en soit. 193.

Perdryer (*Jehan et Françoys*), 75.

Pernet (158), Perrenet (157), diminutifs de *Pierre*, nom du franc archer de Bagnolet.

Perpétrer, obtenir, acquérir. 42.

Perrette, 82.

Perrucatz, 178. Gens à perruque. On appelait perrucats tous les gens de la Basoche (P. L.)

Pery, perdu. 51, v. 23.

Pesle, poêle, s. m. 48.

Pestel (*enseigne du*), ou pilon. 200.

Petiote, petite. 26.

Petit-Pont, à Paris. 81, 190.

Peu, repu, nourri. (P. 21, v. 13.)

Philippot, 92.

Phœbus, 122. La clarté Phœbus, c'est, on le sait, la lumière du jour.

Picards, 122. C'étaient des hérétiques qui ne faisaient aucune prière pour les morts. Voilà pourquoi Villon promet à Thibault d'Aussigny une *prière de Picard*.

Picardes, 81.

Pieça, il y a longtemps.

Piétonner, courir à pied. 152.

Piez blancs, p. 8. Avoir les pieds blancs, c'est, suivant M. P. L., revenir de loin, comme les voyageurs aux pieds poudreux.

Piez de veaux (faire les), danser, faire des gambades. 112.

Pigne, peigne, 69.

Pigon, pigeon. « Les pigeons qui sont en l'essoine, enserrez sous trappe volière » (p. 15, v. 27-28), sont des prisonniers enfermez dans une prison grillée.

Pion, buveur, ivrogne. 52, 70.

Pipeur ou hazardeur de dez (87), filou qui joue avec des dés *pipés*.

Piteux, porté à la pitié. 175.

Plain, uni 142 ; — entier. « Tant que je suis en mon plain sens » (p 24, v. 9).

Plaindre, regretter. » Je plaings le temps de ma jeunesse.» (P. 27, v. 25.)

Plaisance, plaisanterie, vie joyeuse, ou plutôt affaires d'amour.

Plaisant, agréable. 63.

Plait, plaid, plaidoyer. «A peu de plait », sans grands discours.

Planté, abondance. 178.

Plaque (p. 61), monnaie fabriquée sous Charles VII, à l'imitation des Pays-Bas.

PLAT D'ESTAIN, cabaret de Paris. 213, 215.

Pleige, caution, répondant. 33.

Plet, voy. *Plait*.

Plombée, 99. Fouets ou masses garnis de plomb. (P. L.)

Plours, pleurs. 144.

Plumail. Mettre le plumail au vent (49, v. 1), se jeter résolument dans un parti.

POICTOU, 62.

Poirre, peter. 64, v. 1.

Poise, pèse, tourmente, 101, 163, 179.

Poisle, poêle, 48.

PONT A BILLON. Pont au change. 179, 182.

PONTHOISE, 101.

PONTHIÈVRE. Penthièvre. 152.

PONTLIEU (*Jean de*), 66. C'est Jean de Poilli, docteur de Paris, implacable adversaire des moines mendiants au XIVe siècle. Il avait écrit plusieurs ouvrages qui furent condamnés par le pape Jean XXII. Villon nous apprend qu'il dut abjurer ses hérésies et faire amende honorable. (P. L.)

POPIN (*l'abreuvoir*). Cet abreuvoir était au bout du Pont-Neuf, vis-à-vis la rue Thibautaudez. On a démoli de nos jours une voûte qui conduisait à cet abreuvoir, où les truands et les mauvais garçons se réunissaient, au moyen âge, avec les ribaudes et les bohémiennes. (P. L.)

POMME DE PIN. Cabaret de Paris. 61, 192.

POMPÉE, 120.

Porte-paniers. Portefaix, porteurs de hottes. 89.

Pou, peu, 82, 146

Poulaille, volaille. 64, 151.

Poulce, 173. « Jouer du poulce », donner de l'argent.

Pour-demain, après-demain. 161.

Pourbondir un cheval, le faire caracoler. 154.

Pour ce que, parce que.

Pourchasser, poursuivre, procurer.

Pourmener, promener. « Pourmené de l'uys au pesle » (p. 48), promené de la porte au poêle, du froid au chaud; lanterné.

Pourpenser (se), penser, décider à par soi.

POURRAS (l'abbesse de). Cette abbesse de Pourras était, je pense, une coquine, qui, sous ce titre, vint avec Villon duper le pauvre barbier de Bourg-la-Reine, qui y tenait aussi une hôtellerie (Pr.) — Le peuple appelait abbesse de Poilras, une maquerelle publique qui avait été rasée au pilori, fouettée et chassée de la ville. (P. L.)

Poursuivans (P. 37, v. 10). Poursuivants d'armes. C'était un des premiers grades de la chevalerie. (P. L.)

Pourtraicte, formée. 106.

Pourtraicture, portrait, visage. 82.

Poylette, petite poêle. 77.

POYSSONNERIE (la), à Paris. 187.

POYTOU, 185. voy. POICTOU.

PRAGMATIQUE SANCTION. 166.

Prebendé, chargé, comme d'une prébende.

Premier, premièrement, d'abord. 53, v. 9.

Prescheur, celui qui prêche, prédicateur. 32.

Prescripre, transcrire (?). 93.

Preudhommye, prud'homie. 142.

PRIAME, Priam, roi de Troie. 120.

PRINCE DES SOTZ (p. 63). C'était le chef électif de la confrérie joyeuse de la Bazoche du Palais et le *maître des jeux* de cette association dramatique. On le nommait tous les ans à la fête de mai, et ses suppôts étaient tenus de lui obéir pendant toute la durée de ses pouvoirs. (P. L.)

Procès, actes, pièces de procédure. 204.

Prochas, recherche. 165.

PROSERPINE, 122.

Prou, assez. 170.

PROVINS, 50, 90.

Provision (p. 36, v. 4), recours, remède.

Prunier. « Et qu'en son prunier n'a pas creu » (p. 38, v. 23), qui n'est pas de son invention, de son cru.

PSALMISTE (le), David. 107.

Psaulme Deus laudem, p. 23. C'est le psaume 108 : *Deus laudem meam*, etc. Le verset septième, qui servait de prière à Villon quand il faisait des vœux pour l'évêque d'Orléans, est ainsi conçu : *Fiant dies ejus pauci et episcopatum ejus accipiat alter*. «Que les jours de sa vie soient réduits au plus petit nombre, et que son évêché passe à un autre. « C'est le sens que le poëte donne au mot *episcopatum*. (Pr.)

Puis, depuis.

Q

Quanque, ce que, 153.

Quant de, quant est de, à l'égard de, quant à. 23, 32, 102.

Quantz, combien de. 167.

Quars et dix (112), taxes et dîmes. (P. L.)

Que, à, de quoi. 30, v. 19; 57, v. 12.

Queloingne, quenouille. « Autre que moy est en queloingne » (p. 9, v. 10), signifie que Villon a été supplanté auprès de sa maîtresse.

Querir, querre, chercher.

Qui, ce qui. « Qui n'estoit à moy grand saigesse. » (P. 39, v. 18.)

Qui ne quoy, rien, quoi que ce soit. 30.

Quiers, veux, cherche à. P. 46.

Quinze-Vingtz, 88. Les pensionnaires de l'hôpital fondé par Saint-Louis pour trois cents aveugles.

Quoy, tranquille, en repos. 30.

R

R'abiller, réparer, remettre en état, 1.

Racoustré, raccoutré, réparé. 2.

RAGUYER (*Jacques*), 61, 97.

RAGUYER (*Jean*), 62.

Raillart, railleur, bon vivant, 38.

Railler, faire le métier de bouffon, 87.

Raillon (p. 94), dard. Le raillon était une espèce de flèche triangulaire. (P. L.)

Raimasser (?), 167.

Raine, rainette. 77.

Rains, p. 13. M. P. L. rapproche ce mot de *rainceaux*, et le traduit par *rameaux, fagots*. « Les fagots, dit-il, étaient empilés de chaque côté des vastes cheminées du XVe siècle. On s'appuyait donc contre les *rains* en se chauffant la plante des pieds. »

Ralias, rallies, ralyes, festin, régal. 82, 205.

Ramenteu, rappelé, remémoré.

Ramentevoir, rappeler. 82.

Ranguillon, ardillon. 100.

Rappeau, nouvel appel. 86.

Ravis, enragés. « A loups ravis grosse pasture », 176, v. 8.

Raye (coucher en), p. 165. Se mettre en évidence.

Réau, 61, royal d'or.

Cette monnaie valait 30 sols tournois en 1470. (P. L.)

Réagal, 76. Espèce d'arsenic rouge. (P. L.)

Rebours, 106, ce qui rebute.

Rebourse, revêche, 203.

Rebouter, rebuter, 43, v. 15.

Rebrassés colletz, 33, collets fort hauts et bien plissés (Pr.). — Collets bordés de fourrures. (P. L.)

Recipe, 76, ordonnance de médecin.

Recœuvre, trouve, obtienne. 43, v. 23

Recorder, rappeler. 79.

Recors (*être*), se rappeler. 88.

RECOUVRER, rendre. « Et que vie me recouvra. » 24, v. 18.

Recreu, fatigué, lassé. 38, 165.

Recueil, accueil. 137.

Recullet (*en*), dans un coin, acculé. 113.

Réer (95, v. 9), raser, râcler.

Refrigère, rafraîchissement. 52.

REIMS, 45.

Relaiz, ressource. 9.

Relief, 163. On appelait relief l'ordre du prince qui autorisait un officier à toucher ses appointements échus pendant son absence. (P. L.)

Remaine, reste. « Que le refrain ne vous remaine. » (P. 35, v. 3.)

Remain reste, 40

Remenant (*le*), le reste. 30, 50.

Reminer, considérer. 27.

Remordre, causer du regret, des remords. (P. 25, v. 21.)

Renchère, 192. Pr. suppose que c'est le bâton dont on se sert pour porter deux sceaux, un à chaque bout.

RENÉ (d'Anjou), roi de Sicile. 74.

RENES, Rennes, 37.

Repaistre, manger, se régaler.

Repentailles, regrets, repentir. 39. 86.

Reprouche, chose répréhensible. 103.

Repues franches, repas qui ne coûtent rien.

Requérir, quérir, chercher à nouveau. 192.

Requoy (*en*), *à requoy*, en repos, tranquille. 30, 168.

Rescéans (?), 170.

Rescondre. Renfermer, du latin *recondere*. (P. L.)

Rescrire, écrire, rapporter, 27.

Resiner, résigner. « Pour leurs offices resiner » (p. 205), pour prendre congé et régler leurs comptes.

Respit, répit, repos. 30.

Ressourdant, 166. Ressortant, brillant. (P. L.)

Retraict, retiré. 41, 113.

Retraire, retirer. 47, 54, 80, 137.

Revencher (*se*), prendre sa revanche, se prévaloir. 28. — *Eux revencher*, se venger. 67.

Revenue, retour. 192.

Rez, 93. Le rez d'une pomme en est l'épluchure.

Rez, rasé. 95. v. 8.

Ribler, 67, voler pendant la nuit, comme les ribauds, *ribaldi*. (P. L.)

Ribleur, voleur de nuit. 98.

Richer (*Pierre*), 71.

Richier (*Denis*), 63.

Rie, moquerie, raillerie. 42, v. 22.

Riotte, querelle, dispute. 98.

Riou (*Jean*), 65.

Risse, rirais. 58.

Robert, 70.

Robin Turgis, voy. Turgis.

Rollant, 157.

Roman de la Rose, 25.

Rommant du Pet au diable, 54. Ouvrage imaginaire que Villon s'attribue.

Rome, Romme. 81, 121.

Ronseville (*Pierre de*), concierge de Louvieulx. 17. Il y a une localité de ce nom dans le département de l'Oise.

Rose, 56.

Rosnel, 74.

Rottes, vents qui s'échappent de l'estomac. 98.

Rouge, fin. Terme d'argot. 185.

Roulet, 114. Du latin *rotulus*, parce que les livres étaient roulés. (P. L.)

Roupieux, désappointé, avec un pied de nez. 205.

Roussillon, 99.

Route, bande, troupe. 148.

Royaulx, p. 169. Écus d'or.

Royne, reine.

Ru, ruisseau. Battu «comme à ru telles» (p. 46), comme le linge qu'on lave.

Rubis. Cl. Marot pense que les beaux rubis légués par Villon aux soldats du guet (13, v. 23) étaient des rubis de taverne.

Ruel, 86.

Ruel (*Jehan de*), 74.

Ruer, jeter. 151. — *Ruer jus*, abattre. 121.

Run, ruine. 166.

Rustes, paysans, gens grossiers. 169.

Ruyt, ardeur amoureuse, rut. 83.

Rymer, 87, faire des vers.

Rynceau, rameau, rainceau. 145.

S

Sa jus, ici bas. 105, 108.

Sade, gentil, gentille, aimable. 83, 196.

Sadinet, la nature de la femme. 40.

Saillir, sortir. 27, 103.

Sainctir, devenir saint. 185.

Saint-Amant, 60.

Saint André, 107.

Saint Antoine (*feu*), 17, 44.

S. Cristofle, 74.

S. Denis, p. 157. Le cri des Français était *Montjoie S. Denis*; celui des Bretons était *Bretagne et S. Yves*. (P. L.)

S. Dominique. 90. « Les Frères Prêcheurs, ordre institué par saint Dominique, étaient chargés de l'inquisition en France. » (Pr.)

S.-ESTIENNE, paroisse de Paris. 96.

SAINCT-GENOU, 62.

S. GEORGES, 68, 151, 158.

S. GILLE, 207.

S.-INNOCENT, paroisse de Paris. 181.

S. JACQUES, 158.

S.-JACQUES, paroisse de Paris. P. 12.

S. JEAN-BAPTISTE, p. 46, 107, — *feu saint Jean*, 166.

SAINT JULIAN DES VOVENTES, 62.

S. MARTIAL, 24.

S. MARTIN, 158.

S. MATHIEU, 218.

SAINCT OMER, 45.

S. PIERRE, 162.

S. PIERRE DE ROME, 189.

S. PIERRE DES ARSIS, église située dans la Cité. 215.

S. REMY DE RAINS, 190.

SAINT SATUR *soubz Sancerre*, 57.

S. VICTOR, 122.

S. YVES, voy. S. Denis.

SAINCTE-AVOYE, 94. Villon veut être enterré dans cette église parce que c'est la seule de Paris qui ne soit pas au rez-de-chaussée. Elle était au second étage.

Ste BARBE, 152.

Sainte Souffrette, patronne imaginaire des gueux. 212.

Sallade, 67, 152, 157, tasque sans heaume et sans crête, espèce de pot de fer. (P. L.)

SALINS, 37, 70.

SALMON, Salomon, 45, 114.

SAMSON, 45.

S'amye, son amie, sa maîtresse.

SANCERRE, 57.

SANG. Le sang menstruel servait à faire des philtres et autres breuvages auxquels on attribuait une vertu magique. Voy. p. 77, v. 11 et 12.

Sans, cens, c'est-à-dire rente, revenu. P. 72, v. 3.

Saqueboute, sorte d'épieu. 148.

Sarazinoys, d'Orient. «Gingembre sarazinois. » 64.

SARDANA (p. 46, v. 7). On a fait beaucoup de conjectures au sujet de ce Sardana, qui conquit le royaume de Crète, et plus tard vécut de la vie des femmes. Il n'y en a pas une de satisfaisante.

SARDANAPALUS, 122.

SATURNE, 14.

Saulsoye, lieu planté de saules, arbres qui ne portent point de glands, comme chacun sait. C'est pourquoi Villon lègue « le gland d'une saulsoye ». (P. 12, v. 10).

Scarbot, escarbot. 84.

Scotiste, écossais, d'Ecosse. M. P. L. pense que le roi d'Ecosse qui avait la moitié de la face vermeille, c'est-à-dire une *tache de vin* (p. 35, v. 13), était Jacques II, mort en 1460.

SCYPION L'AFFRIQUAIN, 120.

Se, si. L'e s'élidait souvent : « S'evesque il est, seignant les rues » (21 v. 7).

Seigner, bénir en faisant le signe de la croix (p. 21, v. 7).

Seigneuriar, dominer. 102.

Séjour « Prebstre sans séjour » (p. 186) peut s'entendre de deux façons : sans cure et sans résidence ; sans loisir et sans repos. (P. L.)

Senestre, gauche.

Senez, anciens, vieillards, hommes de sens. 37.

Sensif, 18, sensitif, *sensorium*, siége du sentiment. (P. L.)

Sensitif, le tact, le toucher. 103.

Sentemens, sentiments, intelligence. 25.

Sequentement, en suivant. 160.

Sequeure, secourt, 43. — Secoure. 159.

Serain, soir. 48.

Sereine, Sirène. 34.

Serf. Ce mot sert de prétexte à une équivoque. « Je ne suis son serf ne sa biche » (21. v 12).

SERGENTS, 63. Le prévôt de Paris avait deux compagnies de sergents à pied et à cheval, composées de 110 hommes chacune, et ayant leurs corps de garde aux barrières de la ville. (P. L.)

Serre (*tenir*), 51, v. 1. J'ignore ce que cela veut dire.

Servans, serfs, serviteurs. « Aussi bien meurt filz que servans » (p. 36, v. 18) signifie : Les maîtres meurent aussi bien que les serviteurs, les fils de famille aussi bien que les serfs.

Ses, ces. 8.

Seur, sûr. 71, 142.

Si, ainsi, oui, en effet.

Similative (*faculté*), faculté d'imiter. 18.

SIMON MAGUS, 122.

Simplesse, simplicité, ignorance. 106.

Sires, seigneurs. 37.

Sist, assit, 202.

Sollier, plancher. 94.

Some, auguste. 108

Somme, sommeil. P. 118, v. 16.

Somme, en somme. 51.

Somme', compter. 118.

Sommet, tête. 84.

SORBONNE. « Je ouïs la cloche de Sorbonne » (p 17, v. 20). Ce vers ne prouve pas que Villon était dans les prisons de l'Université, puisqu'il est certain qu'il était libre lorsqu'il composa le *Petit Testament*, mais seulement qu'il logeait dans le voisinage de la Sorbonne.

Sortir (*soy*), se fournir, s'approvisionner. 196.

Sot, bouffon, comédien. 63, 98. Voy. *Prince des sots*.

Souef, doux. 33, 75. — Doucement. 90.

Souffrette, disette. 82.

Souffreteux, pauvre diable, misérable. 206.

Soulas, plaisir, joie. 122.

Souldre, régler, résoudre. 102.

Souldure, liaison, union. 8.

Souflon, p. 99. M. P. L. dit que c'était un ballon avec lequel on jouait à la *soulle*. Le mot doit être prononcé *souillon*, et n'a pas besoin d'être expliqué. On le retrouve p. 120.

Souloir, avec coutume.

Soustenance, soutien. 144.

Soustenir, porter. 208.

Souventesfoys, souvent. 32.

Soyer, scier. 119.

Submectre, soumettre. 67.

Substantement, nourriture, soutien. 106.

Sumer, semer. 74, v. 16.

Sur, chez. 13, v. 17.

Surcot, manteau

Surquerir, 12. Enrichir, de *succurrere*, suivant M. P. L.

Sus (*Mettre*), mettre en vigueur, soutenir. 10.

Sus (*mis*), surgis, venus. 172.

SUYSSES, 171.

Sydère, astre. 32.

T

TABARIE (*Guy*), copiste du *Roman du Pet au Diable*. 54.

Tabart, manteau.

Tachon, instrument servant à chasser les mouches. 11.

TACOT (*Colas*), 97.

Tailleur de faulx coings, faux monnayeur. 87.

TAILLEVENT, 76. Le livre de Taillevent, « grand cuisinier du roy de France », eut plusieurs éditions au quinzième siècle et au commencement du seizième.

Talemouze, sorte de pâtisserie. 63.

Tancer, *tencer*, disputer.

TANTALUS, Tantale. 122.

TARANNE (*Charlot*), 72.

Targe, 70. La targe était une ancienne monnaie de Bretagne, ou *brette*, du latin *bretta*. Son nom lui venait de ce que le revers portait une *targe*, ou bouclier échancré. (P. L.)

Tarny, terni, usé. 172.

Tauxer, taxer, imposer. 166.

Tayon, oncle. 36.

Telles, toiles. 46, v. 24.

TEMPLE (*la closture du*), à Paris. 61.

Tencer, v. tancer.

Tenir, posséder des biens sous la suzeraineté de quelqu'un : « Soubz luy ne tiens s'il n'est en friche » (21, v. 10).

Tenné, 37, ennuyé, tourmenté. Cette expression s'emploie encore dans le langage familier.

Terrien, terrienne, terrestre.

Tettes, mamelles. 41.

THAÏS, 34. Courtisane célèbre, qui vivait à Athènes vers le milieu du quatrième siècle. (Pr.)

THAMAR, 46.

THEOPHILUS, 55. Voy. le *Miracle de Théophile*, par Gautier de Coinsi. Rennes. 1838, in-8.

THIBAULT (*Jacques*), 49. Voy. AUSSIGNY.

Tholouzaines, femmes de Toulouse. 80.

Ticquet, loquet (?), 169.

Tieulx, tels. 16.

Tocquer, toucher. 175.

Tollu, pris, ôté. 39.

Tor, taureau. 122.

Tostée, pain trempé dans du vin. 79.

Touaille, serviette, pièce de toile. 29.

Toult, ôte, enlève. 108.

Tour d'escolle (70), tour de vaurien.

Tourbes, foule. 107.

Toute jour, toute la journée. 44.

Trac, trace, train. 199.

Tracer, suivre à la piste. 31.

Trahistre, traitre, méchant. 98.

Traicte, tirée, extraite. 106.

Traictis, joli. 40.

Traire, tirer. 157.

Transglouti, englouti. 122.

Transmué, changé. 121.

Transy, trépassé. 103.

Trasse, trace, piste. 176.

Trasser, suivre à la piste, poursuivre. 176.

Travail, souffrance, peine, adversité. 25, 115.

Travailler (se), s'occuper, s'employer. 72.

Tresbucher, tomber. 155.

Trespercer, transpercer. 8, 154.

Tressuer, tressaillir. 192.

Trestous, tous.

Trestout, tout, entièrement.

Tretisses, voy. *traictiss*.

Treuver, trouver. 36.

TRISTAN, prévost des mareschaulx (p. 92), est le fameux Tristan l'Ermite, prévôt de l'hôtel du roi et favori de Louis XI. (P. L.)

TROÏLE (74), fils de Priam et d'Hécube, fut tué par Achille au siége de Troie. (P. L.)

Trompille, trompe, trompette. 154.

Trop plus, beaucoup plus, trop. 22.

TROU PERRETTE, 97, probablement un cabaret. Marot dit que c'était un jeu de paume.

Trousse, carquois. 173.

TROUSSECAILLE (*Robin*), 65.

Trousser au col, emporter sur les épaules. 11.

TROYENS, 122.

TROYS, Troyes. 45.

TROYS LICTS (p. 13, v. 25), chambre du Châtelet un peu plus commode que les autres, peut-être. (Pr.)

Truandailles, hommes de la lie du peuple. 39.

Trumellières, porte-manteau, accroché au *trumeau*, partie de mur entre deux fenêtres. 11.

Truys, trouve. 144.

Tumbel, tombeau. 94.

TURGIS (*Robert*). 50, 60, 62.

TURLUPINS, TURLUPINES, 66, 179, hérétiques du trei-

GLOSSAIRE-INDEX.

zième et du quatorzième siècle, qui s'appelaient eux-mêmes la *Confrérie des pauvres*, et qui n'étaient pas plus orthodoxes en matière de morale qu'en matière de religion. On a désigné quelquefois sous ce nom les ordres mendiants des deux sexes.

Tusca (*de*), chef de police ou capitaine d'aventures. 67.

Tyran, tyran. 78.

U

Unes, une paire de. « Et unes houses de basane. » P. 73. v. 7.— « Unes brayes breneuses. » P. 77.

Uys, porte. 48.

V

Vacquerie, vicairie. 68.

Valenciennes, 81.

Valere le grand, Valere Maxime. 27.

Valeton, serviteur, amoureux. 49.

Vallette (*Jehan*), 63.

Varlet, garçon de cabaret, de cuisine. 193, 197, 208.

Vaulsist, valait. 26.

Vauselles (*Katherine de*), 46.

Vauvert (le diable de). L'opinion commune était que les diables habitaient Vauvert. C'est pour cette raison que l'on appelait rue d'Enfer celle qui conduisait en ce lieu. (Pr.)

Vecy, voici.

Veez, voyez. 136.

Vela, voilà.

Venerieux, relatif à l'amour. « A tous les Dieux venerieux. » (P. 8, v. 7.)

Vent (*avoir le*), 173, être favorisé de la fortune. On dit aujourd'hui : Avoir vent en poupe.

Venteur, 96, homme qui se vante volontiers.

Venus, 122

Veoir, voir. 23. — Vrai. 197.

Verdi, p. 168, v. 24 (?). Peut-être faut-il lire : « Gorgias, sur le hault vestu. »

Vers, envers. 24.

Vicestre, 12, 73. Le château de Bicêtre. Il était en ruines du temps de Villon.

Viellart, vieillard. 69.

Vielle. « Ma vielle ay mys soubz le banc », p. 48, veut dire : j'ai renoncé au jeu, j'ai quitté la partie.

Vienne en Dauphiné. 37.

Villon (*Guillaume*), 9, 53. Ce Guillaume Villon ou de Villon n'était pas le père du poëte, puisque celui-ci, qui l'appelle son « plus que père », parle de lui, dans le *Grand Testament* (p. 53) comme d'une personne encore en vie, et lui lègue sa bibliothèque, tandis qu'il vient de dire (p. 32) que son père est mort. M. Nagel s'est attaché à prouver qu'il n'était même pas son parent, d'où la conclusion que le poëte aurait adopté le nom de Villon pour faire honneur à son maître et protecteur.

Il se fonde particulièrement sur le huitain IX du *Petit Testament*, où François dit que sa renommée *bruit* en faveur du nom de Guillaume, et sur le huitain 23 du *Grand Testament*, où il se plaint qu'il est abandonné des siens, ce qui ne s'accorde pas avec les témoignages de reconnaissance qu'il prodigue à Guillaume Villon. J'avoue que tout cela est assez concluant. On pourrait objecter néanmoins qu'en se disant abandonné du moindre des siens, tout en parlant comme il le fait des bontés que Guillaume avait pour lui, Villon se rappelait cet axiome, que l'exception confirme la règle. Quant à l'honneur que sa renommée devait faire au nom de Villon, il importait peu que Guillaume fût ou non de la famille du poëte : le résultat était le même pour lui.

Villotières, coureuses, filles de mauvaise vie. Voy. Cotgrave.

Vin de buffet, vin commun et frelaté. 65.

Vin (aller au), p. 83, c'est aller au cabaret chercher du vin qu'on emporte dans l'endroit où il doit être bu. C'est ainsi qu'on s'en procurait généralement au moyen âge. Voy. *Ancien théâtre français*, t. I, p. 195 ; *Farce de Pernet qui va au vin*; t. I, p. 250, *Farce du gentilhomme et de Naudet*.

Vin d'Aulnys. 60.
— de Baigneulx. 193.
— de Beaune. 193, 207.
— Morillon (rouge). 100.

Vis, visage. 40.

Vivre d'avantange, vivre sans rien débourser, aux dépens d'autrui.

Vo, votre. 86.
Voir, vrai. 28.
Voire (95, v. 17), verre.
Voire, vraiment. 23, 145, 164.
Volse, aille. 22.
VOLLANT, 196.
Vouilliés, veuillez 55.
Voulenté, volonté.
Voulsisse, voulusse. 147.
Voulsist, voulût. 33, 191.
Voult, voulut. 99
Voultyz (sourcilz), sourcils arqués, bien plantés. (P. 40.)
Voyse, aille. 64.
Vueil, vœu. 75, v. 9.
Vueil, veux. 22.

Y

Y, il. « Cy sçay bien comment y m'en va. » 108.
Ydoine, propre, *idoneus*.
Ypocras, vin sucré et épicé. 78, 198.
Ysnel, prompt, alerte. 74.
YTHIER, 59.
Yver, hiver. 85.
YVON, prénom commun en Bretagne. 157.

TABLE DES MATIÈRES.

	Pages.
Préface.	v
Remarques philologiques.	XXIII
Clément Marot aux lecteurs.	1
Marot au roy François Ier.	5
Le Petit Testament.	7
Le Grand Testament.	21
Ballade des Dames du temps jadis.	34
Ballade des Seigneurs du temps jadis.	35
Ballade en vieil françois	36
Les Regrets de la belle Heaulmière.	39
Ballade de la belle Heaulmière	42
Double Ballade sur le même propos	45
Ballade que Villon fait à la requeste de sa mère, pour prier Nostre Dame	55
Ballade de Villon à s'amye.	57
Lay ou plustost Rondeau	59
Ballade et oraison	69
Ballade que Villon bailla à un gentilhomme.	74
Ballade	76
Ballade intitulée : *Les Contredictz de Franc-Gontier*.	78

TABLE DES MATIÈRES.

                                                              Pages.

Ballade des femmes de Paris. 80
Ballade de Villon et de la Grosse Margot. 83
Belle leçon de Villon aux enfans perduz. 86
Ballade de bonne doctrine à ceux de mauvaise vie 87
Lays. 90
Rondeau 95
Ballade par laquelle Villon crye mercy à chascun 98
Ballade pour servir de conclusion 99

POÉSIES DIVERSES :

Le quatrain que feit Villon quand il fut jugé à mourir 101
L'Epitaphe en forme de Ballade que feit Villon pour luy et ses compagnons, s'attendant estre pendu avec eulx . . . 101
La requeste de Villon à la Cour de Parlement 103
Ballade de l'appel de Villon. 104
Le Dit de la naissance Marie. 105
Double Ballade. 107
Ballade Villon 110
Epistre en forme de Ballade, à ses amis. 111
Le Débat du cueur et du corps de Villon. 113
La Requeste que Villon bailla à Monseigneur de Bourbon. 115
Ballade des proverbes 116
Ballade des menus propos. 117
Ballade des povres housseurs 119
Problème ou Ballade au nom de la Fortune 120
Ballade contre les mesdisans de la France. 121
Le Jargon ou Jobelin de Maistre François Villon 124

POÉSIES ATTRIBUÉES A VILLON :

    I. Rondel 133

TABLE DES MATIÈRES.

		Pages.
II.	Rondel	133
III.	Rondel	134
IV.	Rondel	135
V.	Rondel	135
VI.	Rondel	136
VII.	Rondel	136
VIII.	Rondel	137
IX.	Rondel	137
X.	Rondel	138
XI.	Rondel	139
XII.	Rondel	139
XIII.	Rondel	140
XIV.	Ballade pour ung prisonnier	140
XV.	Rondel	141
XVI.	Ballade	142
XVII.	Ballade morale	143
XVIII.	Ballade	144
XIX.	Ballade	145
XX.	Ballade	146
XXI.	Ballade joyeuse des Taverniers	147
XXII.	Monologue du Franc Archier de Baignollet	150
XXIII.	Dialogue de messieurs de Mallepaye et de Baillevent	164
XXIV.	Les Repeues franches de François Villon et de ses compagnons	178
	Ballade de l'Acteur	182
	Ballade des Escoutans	183
	La Repeue de Villon et de ses compaignons	186
	La manière d'avoir du poisson	187
	La manière d'avoir des trippes	190
	La manière d'avoir du pain	191
	La manière d'avoir du vin	192
	La manière d'avoir du rost	194

	Pages.
Seconde Repeue, de l'Epidemie.	195
La troisiesme Repeue, des Torcheculs.	199
La quatriesme Repeue, du Souffreteux.	206
La cinquiesme Repeue, du Pelletier.	210
Sixiesme Repeue, des Gallants sans soucy	212
La septiesme Repeue, faicte auprès de Montfaulcon.	215
NOTES	220
GLOSSAIRE-INDEX	227

ADDITIONS ET CORRECTIONS.

Le nom de M. CAMPAUX est partout écrit par erreur CAMPEAUX.

Les deux premiers huitains de la Ballade p. 74 donnent en acrostiche AMBRAISE DE LOREDE, peut-être le nom du gentilhomme pour qui cette pièce fut composée.

L'envoi de la *Ballade de la Grosse Margot* (p. 84) donne en acrostiche le nom de Villon.

Fille en chief (p. 91), fille coiffée de ses cheveux.

Les *Coups orbes* (p. 115) sont des coups produisant des contusions, des *bleus*.

Coustelez comme chiches (p. 171) peut se traduire par : « à côtes, comme des pois chiches ».

www.ingramcontent.com/pod-product-compliance
Lightning Source LLC
Chambersburg PA
CBHW070746170426
43200CB00007B/673